AF139375

Für Waltraud E. – Danke für Deine Liebe

Hans Engelkamp

Der globale Kiez

Erfahrungen eines Redenschreibers
mit der globalisierungsfreien Zone

Eine Schein-Satire

Bibliografische Information der
Deutschen Nationalbibliothek:
Die Deutsche Nationalbibliothek verzeichnet diese
Publikation in der Deutschen Nationalbibliografie;
detaillierte bibliografische Daten sind im Internet
über http://dnb.d-nb.de abrufbar.

© 2014 Hans Engelkamp
Umschlagbild: Marta und Timm Engelkamp
Herstellung und Verlag:
BoD - Books on Demand, Norderstedt
ISBN 9783732293223

Erkenntnisgewinn

19. Jahrhundert:
Tatsachen gibt es nicht, nur Interpretationen.

Friedrich Nietzsche

20. Jahrhundert:
Das Gegenteil von Gut ist nicht Böse, sondern gut gemeint.

Kurt Tucholsky

21. Jahrhundert:
Die Erschütterungen, die das Panda-Update im Gefüge des organischen Rankings hinterlassen hat, sorgten in Köln ebenso für Gesprächsstoff wie der Trend, Performance-Budgets verstärkt von Search Engine Advertising (SEA) nach Search Engine Optimization (SEO) zu verlagern.

Aus einem Bericht von der Messe Dmexco in "Internet World Business" Ausgabe 9/11.

Horxumer Dreieck

Jedenfalls hatte Lummenau weniger als 3000 Einwohner, darunter einen arbeitslosen Politologen.

Geo*politisch*, darf man so sagen, zählte das Dorf zu den Gegenden, in denen Lebensnähe eine gewisse Politikferne freigesetzt hatte. Geo*graphisch* dagegen bildete es die südliche Spitze des so genannten Horxumer Dreiecks. Dessen Ausdehnung nach Osten hin markierte die überwiegend konservativ bevölkerte Kreisstadt Krättlingen. Wie überall, wo Konservative ungestört leben, hatte sich wohlige Freudlosigkeit eingenistet. Nördlichster Punkt im Dreieck war Horxum selbst, eine Großstadt, deren Bewohner sich gern mit Armut und linkem Gedankengut brüsteten. Früher hatte es *Klosterstadt* Horxum geheißen. Seit jedoch im Refektorium des – vormals ehrwürdigen – Klosters eine Diskothek rumorte, galt die Bezeichnung *Klosterstadt* als unzeitgemäß.

Um Übereinstimmungen oder Gegensätze der kulturellen Ansprüche in den drei ungleichen Orten zu messen, hatte das in Krättlingen publizierte Kreisblatt gemeinsam mit dem Kulturamt der Stadt Horxum eine Umfrage initiiert. Durch Vergleiche mit historischen Städten, etwa Babylon, wollte man herausfinden, welche Unterschiede zwischen den Orten im Dreieck erlebt wurden.

Was gründlich misslang. Denn ein Bericht im Kreisblatt hatte voreilig publiziert, dass Babylon – zu Folge der Offenbarung des Johannes im Neuen Testament – die *Hure* Babylon genannt wurde. Der Hinweis förderte zwar das Interesse an der Umfrage, verengte jedoch das Spektrum der Meinungen auf ein emotional geladenes Teilgebiet. Immerhin wurden Unterschiede deutlich. In Horxum beispielsweise, das nach dem Zweiten Weltkrieg durch zeitgemäße Architektur entstellt und auch sonst eher langweilig war, wünschte sich eine Mehrheit von 67,29 Prozent, wie in Babylon zu leben. Es bestand die diffuse Vorstellung, mithilfe von etwas Hurerei den Anschluss an die Welt und deren globales Wertesystem zu gewinnen. Ganz anders bei den Krättlingern. Dort hätten 93 Prozent gern ungeschehen gemacht, dass es in der Unteren Vogelgasse 7 ein Haus von der Sorte gab, von der sich die Horxumer einen ganzen Häuserblock gewünscht hätten. Die Lummenauer dagegen mit ihrer gesunden dörflichen Würde, schienen nichts, schon gar nicht Babylon zu entbehren. Als Gelegenheiten für Völlerei oder Hurerei genügten ihnen die üblichen Kirchen- und Familienfeste: Ostern, Taufe, Namenstage, Beerdigungen und Hochzeiten (auch Goldene). Der exemplarische Lummenauer, so ergab die Umfrage, vermisste nicht Babylon, sondern Entenhausen – nicht das schnelle Internet, sondern Träume. Ein in der Gegend nicht ganz unbekannter Friseur interpretierte im Kreisblatt das Umfrageergebnis per Leserzuschrift: „Abgesehen vom Management des Turmbau-Projektes, bei dem man sich frühzeitig auf weltstädtischem Niveau bewegt, war Babylon als Hure auf archaische Werte fixiert. Noch heute suchen Großstädte wie Horxum das Glück im Vergangenen. In Kreisstädten dagegen wohnt die Versuchung, wenn überhaupt, in Untermiete. Einzig die mit kostenfreien Ausschweifungen vertrauten Bürgerinnen und Bürger von Lummenau zeigen sich aufgeschlossen für einen Wert wie Hingabe. Mit Sinnsuche dagegen halten sie sich nicht auf. Sie suchen nicht, sondern stiften sich den Sinn gleich selber."

Insofern lag es nahe, die folgende Geschichte in Lummenau spielen zu lassen.

LUMMENAU WAR NIEMALS groß. Aktuell 2774 Einwohner. Vor Jahr und Tag zählte die Gemeindeverwaltung noch über 3000. Viele, die Jugend zuerst, hatte es fortgezogen. In die Stadt, zu den Zerstreuungen, den digitalen Weihen und zu den Perspektiven. Die Alten, sagte man, blieben unter sich. Die Wahrheit war, sie blieben allein.

Lummenau unterschied sich insofern wenig von einer globalisierten Umgebung. Hier wie dort machte sich

8

Normalität breit: Leben, Angst, Alkohol, Religion, Beischlaf, Internet, Betrug. Gerne auch mal Krieg – Mobbing, der Weltkrieg der kleinen Leute. Abweichend vom Johannesevangelium, war hier im Anfang nicht das Wort. (Außer vielleicht das Vorwort zu einem *Goldenen Buch* wie es Gemeinwesen für Autogramme und das Mitteilungsbedürfnis namhafter Besucher bereithalten.) Nicht ein Wort, sondern ein Wert, ein ewiger Wert, anderswo längst in Vergessenheit geraten, war in Lummenau am Anfang: Die *Naivität*. Der Religiosität und der Politik nahestehend, schloss Naivität heutige Werte wie Globalisierung und Internet mit ein. Naivität bewahrte die Lummenauer vor der verbreiteten Annahme, das Universum sei durch Globalisierung entstanden, und das Internet könne die Kultusministerkonferenz ersetzen.

Möglich, dass Lummenau dadurch bevorzugt war.

DER NAME LUMMENAU scheint auf die Lummen (lateinisch Uria) hinzuweisen, Meeresvögel aus der Gattung der Alkenvögel (Alcidae). Bei dem Ortsnamen handelt es sich jedoch um eine gewöhnliche Latinisierung mit anschließendem Rechtschreibfehler.

Im 16. Jahrhundert hatten sich ein paar Gehöfte zu einem Weiler verbunden. Da das wärmende Licht der Sonne schon damals als anziehend für den Fremdenverkehr galt, bekam der Ort die werbewirksame Bezeichnung *Lichtenau*. Harte körperliche Arbeit, ein etwas ungehobeltes Verhältnis zur Sexualität eingeschlossen, prägten den Alltag der überwiegend agrarisch tätigen Bewohner. Trotzdem blieb man im Flecken Lichtenau nicht lange unter sich. Ein Gelehrter aus der nahen Klosterstadt Horxum wollte nicht länger als solcher leben. Die Besserwisserei der Mönche hatte ihn schon lange genervt. Er zog es vor, einer zu sein, der Landluft schätzte und kurze Hosen. Daher mietete er eine Kate am nördlichen Ende des Weilers (ungefähr dort, wo sich heute ein Angerteich und die Ruine des Hotels *Beau Rivage* befinden). Es war die Zeit der Renaissance, die feinen Leute sprachen untereinander ziemlich lateinisch. Und so fand der Gelehrte mit seinem Vorschlag bald Gehör, die Ortsbezeichnung zeitgemäß zu latinisieren. Statt Licht sollte es lateinisch *Lumen* heißen. Also Lumenau. Da sich der Gelehrte im Römischen Recht, aber nicht in der Rechtschreibung auskannte, wurde Lumenau zu Lummenau. Und so blieb es. Nachfolgende Jahrhunderte machten den Lapsus zwar vergessen. Der Standort der Kate aber, die der Gelehrte als sein Zuhause erwählt hatte, wurde unvergesslich. Hier nämlich zweigte jener Weg ab, der seither zu ein paar Gehöften führt, in denen sich Protestanten angesiedelt hatten (heutzutage würde man von Menschen mit Migrationshintergrund sprechen). Die Protestanten waren nette Leute, gottesfürchtig, pingelig bei der Arbeit, für Lummenau aber vielleicht etwas zu prüde.

10

ZU BEGINN UNSERES, des 21. Jahrhunderts hätte Lummenau eine aufstrebende Gemeinde sein können. Nur wusste das im anbrechenden August des Jahres 2012 noch keiner. Zudem war Dienstag. An diesem Tag, stand im Kreisblatt, zogen durchschnittlich mehrere Tausend Terabyte pro Sekunde durch die Datennetze. Sie zogen – Byte für Byte – an Lummenau vorbei. Der Bürgermeister allerdings schämte sich dafür nicht. Er erhob die Tatsache zur Ideologie und nannte Lummenau eine *Globalisierungsfreie Zone* – behielt diesen Einfall aber lieber für sich. Ideologie war in Lummenau wenig gefragt, ein geistreicher Bürgermeister schon gar nicht.

Schade, denn erst recht aus einer *Globalisierungsfreien Zone* hätte sich etwas machen lassen.

ÜBER LUMMENAU HING an jenem Tag im Jahr 2012 der Augenschein von Harmonie und Beliebigkeit. Ein Gemenge, das in Deutschland gern als Romantik verstanden wird. Morgensonne satt, heute schimmerte sie rötlich, melancholisch wie ein irisches Volkslied. Die frische Luft war so gesund, dass sie nach Stallmist roch. Am Dorfplatz lächelten gelbe Rosen durch einen weiß lackierten Lattenzaun. Nachts hatte es Pfützen geregnet, lehmig glitzerten sie nach Art der Perlenschnüre vom Rathaus bis zur Kirche. Von irgendwoher mischte sich der Tenor eines unvergessenen Schlagersängers ein.

Die Angerstraße, die Lummenau in einen östlichen und westlichen Sektor teilt, ähnelte aus der Vogelperspektive einer Pfahlwurzel. Markant, geradeaus, mit erlaubten Unregelmäßigkeiten. Abzweigungen bildeten gleichsam die Seitenwurzeln, kürzer und schlanker als die Hauptwurzel. An den Knotenpunkten tobte der Bär. Hier befanden sich die relevanten Treffpunkte von Lummenau: Kita, Dorfkrug, Gemeindesaal, Apotheke, Rathaus, Grundschule, Leihbücherei, Anglerverein und die Filiale eines Mobilfunkanbieters. In den Seitenstraßen lehnte sich Fachwerk an Fachwerk, darin die Werkstätten der Handwerker sowie 2774 Einwohner.

Am Ende der pfahlwurzelartigen Hauptstraße, inmitten des Angers, befand sich ein Teich, dessen Inhalt sich bereitwillig vom Wind kräuseln ließ. Schwarzes Wasser. Das inspirierte den Sommerfrischler, der in Lummenau alle Jahre pünktlich wie ein Zugvogel einfiel, zu einer lyrischen Deutung: Der Teich sei nicht mit Wasser, sondern mit Weltschmerz gefüllt. Tiefgreifender für Lummenauer allerdings war die schilfgesäumte, nur wenige Schwimmstöße vom Ufer entfernte Insel, auf der sie sich, vor allem wenn Kirmes war, paarweise nach dem bekannten Muster des Zeugungsaktes entspannten.

Die Angerstraße räkelte sich von Südosten her zwischen alten Bäumen, die rechter- und linkerhand aus den Pflastersteinen wuchsen. Kastanien, ein paar Linden, ein vor Jahren achtlos entsorgter, zur haushohen Tanne herangewachsener Weihnachtsbaum. Die Schatten der Bäume fielen auf Häuser, die unterschiedlich mit ihrer Vergangenheit fertig geworden waren.

Drei Häuser kokettierten bereits mit dem Verfall.

Das eine, Fachwerk im Zustand eines Gerippes, war so nahe an den Angerteich gebaut, dass es sich darin spiegeln konnte. Vor Jahrzehnten als Hotel errichtet, erhielt es den damals für Herbergen in Küstennähe gebräuchlichen Namen *Beau Rivage*. Witzbolde hatten das Namensschild kürzlich mit Ritz Carlton übermalt. Der Frevel war bei Google Earth aus der Satellitenperspektive noch lesbar und lockte einen Rolls Royce nach Lummenau. Der Chauffeur, sagte man, erhielt von dem im Fond beförderten Millionär im Vorbeifahren den Auftrag, die Immobilie zu kaufen. Seither war, wie unter Rolls-Royce-Fahrern üblich, nichts geschehen.

Das zweite, dem Verfall anheim gegebene Haus war zweistöckig und stand bedauerlich nahe der Kirche. Auf dem Dach erinnerte eine Fernsehantenne, dass hier vor kurzem noch Menschen aus Fleisch und Blut ihre kulturellen Bedürfnisse auslebten. Seither hatte sich die Antenne so weit von ihrem Mast gelockert, dass sie bei böigem Wind eine Wetterfahne ersetzte.

Das dritte zu schierer Traumwelt verwildernde Haus verfiel dort, wo in hergebrachten Dörfern die Mühle klapperte: Etwas außerhalb, am Wald, von dem die Ruine hoffentlich bald eingeholt würde. Es handelte sich um

13

das ehemalige Büro der Firma Bruttler Tiefbau. Ein Familienunternehmen. Die Vorfahren hatten die Angerstraße gepflastert, später den Dorfplatz asphaltiert. Auf den Bau der Umgehungsstraße warteten sie bis zur Insolvenz. Es wurde keine Umgehung mehr gebraucht. Wer konnte, umfuhr Lummenau aus freien Stücken.

Anders als vergleichbare Gemeinwesen war Lummenau als Ergebnis von Zufällen entstanden (denen gelegentlich nachgeholfen wurde). Ein Dorf zwar, jedoch mit den Aussichten, Problemen, Leuten, Rätseln, Süchten, Phrasen der großen Metropolen. Nur war im Dorf eben alles viel kleiner, sogar die Phrasen. Der Fortschritt stand, um in der Latinisierung zu verweilen, *ante portas*.

Eben war es 6.27 Uhr, Dienstag wie gesagt. Zu diesem Zeitpunkt beschränkte sich der Fortschritt in Lummenau auf fünf stabile Buchstaben. Je 1,76 Meter hoch, lackiertes Eisenblech. Sie wurden soeben mit dem Giebel eines in Efeu verpackten Gebäudes verschraubt. Bahnte sich Großes an in Lummenau? Die private Nutzung der zur Montage von fünf Buchstaben benutzten Drehleiter der freiwilligen Feuerwehr ließ auf Besorgungen einflussreicher Interessenten schließen.

Der efeuberankte Bau, geflissentlich in archaischem Zustand belassen, vervollständigte das Gehöft des Großbauern Alvermann. (Als Großbauer galt vor Zeiten, wer mehr als 100 Hektar Land besaß.) Im Gegensatz zu kleinbäuerlichen Kollegen geboten Großbauern über Arbeitskräfte. Das ersparte ihnen körperliche Arbeit, sodass sie sie sich zwischendurch kühnen Plänen hingaben.

Bodo Alvermann, der es in einundvierzig Jahren zu einer friedfertigen Frau, einem Töchterchen und zum eigenen Traktor gebracht hatte, fühlte sich als Großbauer nicht ausgelastet: Geläufiger Zeitvertreib lag ihm nicht. Spekulieren an der Börse? Hatte ihm die Wichtigtuerei des Anlageberaters der Kreissparkasse vergällt. Freunde bei Facebook? Er gewann keine. Golf? Einfach lächerlich diese kleinen Bälle. Fernsehen? Viel zu jugendfrei.

Alvermanns Haare, strohblond, waren kurz geschnitten, so wie es alternde Militärs mögen. Von außen war der Großbauer, was man unter einem gestandenen Mannsbild versteht. Das Kreuz wie ein Gewichtheber, den Nacken eines fränkischen Politikers. Im Herzen aber war er am liebsten Unternehmer. Er hatte sich in den Kopf gesetzt, Lummenau und seine Bewohner zeitgemäß zu bereichern. Die Meinungen hierzu, das wusste er, waren geteilt. Erfahrene Moralisten argwöhnten, Alvermann wolle nicht das Dorf, er wolle *sich* bereichern. Die Mehrzahl aber brachte seinem Vorhaben nicht das Interesse entgegen, das gegenüber Ungeheuerlichkeiten geboten schien. Denn Lummenauer sträubten sich, etwas für vernünftig zu halten, nur weil eine Mehrheit oder ein Reicher es für vernünftig hielt.

Antiaging

An diesem Morgen ließ sich wenig, Rätselhaftes schon gar nicht, auf der Angerstraße blicken. Unverdorbene Dörflichkeit. Lediglich ein Hund schnüffelte vorüber und zog, angeleint, einen Rentner hinter sich her. Später strampelte eine bildschöne Radfahrerin mit ihrem in Anbetracht der frühen Stunde sinnlos kurzen Kleid vorbei. Alle drei waren überfordert, die Zeichen des Großbauern zu deuten. Die Radlerin musste auf Unebenheiten zwischen den Pflastersteinen achten, der Ruheständler hatte die Brille vergessen, Hunde lesen nicht. So blieb unerkannt, dass inzwischen drei Buchstaben, nämlich *DIS*, bei Alvermann montiert waren. Erst der Bürgermeister, der den werktäglichen Gang zur Gemeindeverwaltung mit einer Inspektion des Dorfes zu verbinden pflegte, durfte über den nunmehr vollständigen Schriftzug DISKO schmunzeln. Als leidenschaftlicher Politiker hatte er unter anderem Bescheid zu wissen. Schon tags darauf aber war der Sinn der fünf Buchstaben unterwandert. Und zwar durch eine linkerhand hinzugeschraubte Tafel, die das Vorhaben zur vollständigen Bezeichnung *online DISKO* ergänzte. Noch ein undurchsichtiger Grund für den Bürgermeister, zufrieden zu schmunzeln.

EIN LITERARISCHER ZUFALL hatte Alvermann zu seiner ländlichen Disko inspiriert, die Lektüre eines innovativen Heimatromans, in dem es um Verbraucherschutz, Liebe in Beichtstühlen und ein Kraut ging, das Menschen jung erhält, dessen Unwirksamkeit aber noch nicht von der Kosmetikbranche entdeckt worden war. Alvermann dachte über den bewussten Tellerrand hinaus. Als aktueller Großbauer sah er nicht in Kräutern, sondern in einer Diskothek das zeitgemäße Antiaging-Präparat. Die Gemeindeschwester übrigens, die tagsüber gern mal die Lebenswirklichkeit ignorierte, fand eine Disko im Dorf unpassend. Sie verwies auf Horxum und die Nachnutzung des dortigen Klosters: „So etwas gehört in die Großstadt", forderte sie. (Beim Antiaging war sie sich nicht so sicher, das Wort hatte so was Erotisches). Jedenfalls verschlief die Gemeindeschwester die Vorfreude. Was auch immer eine Disko und Antiaging versprachen – Skandale, Sensationen, Umtriebe – mussten bis zur Eröffnung warten.

Seit seiner Gründung war Lummenau mit Stille beschenkt. Gähnender Stille. Was zu den Geräuschen der Natur gehörte, behelligte im Dorf niemanden. Grunzen, Krähen, Schnattern und Blöken zählten nicht. Ebenso wenig der Tenor eines anderswo schon vergessenen Sängers.

Rudi und andere

Der Gesang des Rudi Schuricke entfuhr gewöhnlich dem Küchenfenster einer Frau Stich, die ihr Leben in der oberhalb der Bäckerei gelegenen Wohnung verbrachte. Eine patente Frau, deren Betragen und Charakter ihre Eltern vorbestimmen wollten, indem sie ihr den Vornamen *Sophia* (frei aus dem Griechischen für ‚Tugend‘ oder ‚göttliche Weisheit‘) gaben. Vergebens allerdings. Die Frau trat beherzter auf und ließ ihre Haare roter färben, als ihr Vorname versprach. Sophia verstörte und wusste es zu schätzen, wenn Männer ihre Haarfarbe missverstanden. Meistens lehnte sie, rothaarig wie gesagt, aus dem Küchenfenster und ließ Lummenau am Gesang des Schuricke aus ihrer Musiktruhe teilhaben. Sophia ihrerseits gedachte bei diesen Klängen ihres Hundes, den sie (in memoriam) *Rudi* genannt und vor einem Jahr, des Nachts und heimlich, an einer geruhsamen Ecke des Lummenauer Friedhofs beigesetzt hatte (was nicht erlaubt war, aber als *Projekt Rudi* – in Gestalt eines *Sozialen Netzes* für Nutz- und Haustiere – die anstehenden Veränderungen in Lummenau begleiten sollte).

Rudi hinterließ nicht nur ein trauerndes Frauchen, sondern auch ein Zimmer, das eigens für seine Habseligkeiten – Fressnäpfe, Kau-Snacks, Spielzeug, Hundeleinen, Kapuzenpullover – reserviert war. Und nun?

Schweren Herzens führte Frau Sophia das Zimmer der gehobenen touristischen Nutzung zu. Falls welche kämen, würden Besucher in der *Pension Sophia* absteigen.

NICHT AM BRUNNEN VOR dem Tore, sondern mitten aus dem Dorfplatz gewachsen, erfreute sich auch Lummenau der bewussten Linde. Rund um ihren Stamm hatte der Gemeinderat in besseren Zeiten eine Sitzbank tischlern lassen. Sie ersetzte das Gemeinschaftshaus: Nachts ein Laboratorium für altersgerechtes Pläsier der im Dorf verbliebenen Teenager. Tagsüber Treffpunkt für Senioren, die dort, abgesehen von der Zukunft, insbesondere die Vergangenheit erörterten. In der geduldigen Art, mit der sie ihre Zeit totschlugen, suchten die Senioren nach dem Sinn – der Einfachheit halber nicht des Lebens, sondern von Lummenau. Denn Lummenau, was sie nur ahnten, eignete sich als Muster für eine Welt, wie sie für Menschen zwingend hätte geschaffen werden müssen. Wie es nämlich Orte und Denkweisen gab, die als altersgerecht galten, war Lummenau gleichsam menschengerecht.

Die sternförmige Sitzposition unterstützte die Senioren beim Denken. Sie blickten, die Linde im Rücken, den Blick nach außen, jeder in eine andere Richtung. Ideal für den gehobenen Meinungsaustausch. Man musste sich nicht anschauen, äußerte sich unbeeinflusst von der Körpersprache der anderen, blieb spontan.

Ständiger Besucher der Dorflindenbank war ein gewisser Strabanger, Heinz Strabanger. Ob Wetter oder nicht, er erschien mit Schirm. Seine Art zu gehen sollte ausdrükken, dass es überall Hindernisse gab. Viel über Strabanger verriet auch, dass er von seinen zahlreichen Sympathisanten – Freunde hatte er nicht – kurz *Heini* genannt wurde. Heini Strabanger war Rentner, sah aus wie ein Rentner, unvorstellbar, dass er nicht bereits als Rentner geboren wurde. Und so war es. Heini Strabanger wuchs unter der Obhut einer kurzsichtigen Erzieherin und eines bedeutenden, vom Großvater mütterlicherseits ererbten Vermögens auf. Als er lesen, schreiben, rechnen konnte und die Sache mit den Männern und den Frauen sowie den Kapitalismus verstanden zu haben glaubte, zog er sich von der Schule zurück. Das bisschen Wissen, das ein Vermögender zum Leben braucht, hoffte er auf den Seiten des in Lummenau verbreiteten Kreisblatts, insbesondere im Wirtschaftsteil, vorzufinden. Nur zu vorgerückter Stunde und nach wiederholt gefülltem Weinglas outete er sich auch mal als Mensch mit gewöhnlichen Gelüsten: „Wenn ich arm wäre und hätte etwas lernen müssen, ich hätte Philosophie studiert", sagte er dann.

Strabanger inspirierte.

Der bereits erwähnte arbeitslose Politologe von Lummenau hieß *Meyer-Falkenstein*. Wie vor Jahrhunderten gewisse Gelehrte war er aufs Land gezogen. Passend zum erlernten Beruf trat er niemals anders als im schwarzen Anzug auf. *Seide* vermuteten höfliche Nachbarn, tatsächlich glänzte der selten gereinigte Stoff etwas speckig. Meyer-Falkenstein war dürr, drahtig, quirlig. Unbehaart der kleine Schädel, hastig bis elegant die Bewegungen, die ihn oft in Gefahr brachten, sich selbst zu überholen. Außer vielleicht beim Denken. Die Politologie wird laut Wikipedia als Sozial-, Kultur- wie auch als Geisteswissenschaft verstanden. Lummenauer jedoch bewerteten die akademische Spielart der Politik höher. Politologie wurde als legitimer Zustand der Arbeitslosigkeit akzeptiert. Meyer-Falkenstein, obwohl dem politischen Geschäft nahe, war bettelarm. Die mäßig honorierte Gepflogenheit von Politologen, in den dritten TV-Programmen das Versagen von Fraktionsgeschäftsführern zu interpretieren, hatte er sich verbaut. Meyer-Falkenstein äußerte sich ungeschminkt, sogar über die Zweckmäßigkeit von Ministern. Verloren aber gab er sich nie. Kollegen seiner Zunft gleich, machte er ständig Notizen. Er vertraute darauf, die Aufzeichnungen würden einst einem intelligenten Verleger in die Hände fallen, sodass er, Meyer-Falkenstein, posthum noch auffällig werden konnte.

Nicht einfach Notizen, sondern moderne Bühnenwerke schrieb dagegen die Erna Leipold. Hoch betagt war sie. In Lummenau dennoch angesehen, zumal sie in ihren Laptop zeitnah dramatisierte Versionen klassischer Stoffe hineintippte. Den göttlichen Odysseus, als Beispiel, ließ sie als Frau auftreten, als Lesbierin, die im Horxumer Stadtrat grüne Politik vertrat. In der Leipoldschen Fassung des Hauptmanns von Köpenick erlag das Stadtoberhaupt dem Charme einer senilen Laotin, die sich ihm in der Uniform der Berliner Stadtreinigung näherte. Derzeit schrieb die Leipold an einem *Dialog mit dem Liebhaber, den ich gern gehabt hätte.*

Schade nur, dass es in Lummenau kein Theater gab.

Einen Dorfkrug aber gab es. Die relevanteste Einrichtung in Lummenau, wenn auch ohne Wirt. *Der Krug,* wie die Schenke verkürzt hieß, wurde von einer Beate bewirtschaftet. Sie hatte, keiner wusste Näheres, drei Kinder. Besucher tolerierten den Kindersegen. Die Kleinen, hieß es unter männlichen Stammgästen, signalisierten eine gewisse Bereitschaft seitens der Wirtin. Verkaufsförderung also. Oder ortsgebundene Naivität? Um nicht restlos missverstanden zu werden, führte die Wirtin eine gastronomische Neuheit ein. Außer dem Stammtisch gab es einen *Nebentisch.* Am Nebentisch waren ausschließlich Frauen zugelassen.

Entfernungen innerhalb Lummenaus wurden nicht in Metern gemessen, sondern in Cappuccino. Ein Werbegag von Bäckermeister Bullick, der insgeheim Lehrbücher über Marketing las (und missdeutete). *Nichts ist weiter als ein Cappuccino*, textete Bullick. Sollte heißen, dass jeder Punkt im Dorf zu Fuß erreichbar war, bevor der Pappbecher mit dem süß-heiß-schaumigen Inhalt ausgetrunken war. *Cappuccino to go.* Es gab allerdings eine Distanz, die der Messmethode des Bäckers Hohn sprach.

Zwar innerhalb der Gemarkung von Lummenau, aber *weiter als ein Cappuccino* entfernt lag das Anwesen der Familie Kartim. Es ergänzte Lummenau kongenial um ein Herrenhaus – derzeit bewohnt von dem Gärtner Louis und seiner Chefin, der Witwe Dr. Daphne Kartim. Sie hatte, als Frau sowie als promovierte Volkswirtin noch unbenutzt, bald nach dem Studium geheiratet. Ihr Ehemann, der Verleger (und Herausgeber des Kreisblatts) Kay Kartim, war vielseitig interessiert. So auch daran, sein Kreisblatt auf eine Zeit vorzubereiten, die keine Journalisten mehr brauchte. Bevor er dieses Werk vollendete, war er im Gefolge einer Affäre jedoch aus freien Stücken verstorben. Der Anlass wurde allgemein als tragisch empfunden. Eine auf Klatsch und Promis spezialisierte Homepage hatte von einem deutschen Zeitungsverleger berichtet, der sich von seinem Papierlieferanten nicht – was logisch gewesen wäre – mit Papiergeld, sondern *bio*logisch mit freizügigen Frauen korrumpieren ließ. Insider brachten die Meldung, die eigentlich die Unabhängigkeit deutscher Verleger vom Bargeld hätte beweisen können, mit Kay Kartim in Zusammenhang. Was für sich genommen noch keinen Suizid begründet hätte. Erst als die Nachricht im (eigenen) Kreisblatt auf der Titelseite erschien, war die Affäre an Peinlichkeit nicht mehr zu überbieten. Zumal Kartim an der Veröffentlichung selbst schuld war. Denn Kay Kartim war gläubig, er glaubte an Technik. Wie sich begüterte Menschen oft an Strohhalme klammern, war er überzeugt, die Technik würde alles richten: Arbeitsplätze schaffen für jedermann, Milliarden Münder mit Nahrung und Wasser versorgen. Geeigneter Technik traute Kartim sogar zu, seinen Verlag vor den mörderischen Kosten einer Redaktion zu bewahren. Kartim persönlich hatte deshalb als Neuerung einen speziellen Algorithmus für handelsübliche Computer entwickeln lassen. Dieser Algorithmus sollte aus der täglichen Desinformation herausfiltern, was Menschen zu Abonnenten macht. Abertausende Nachrichten wurden so auf ihren Gehalt an Niedertracht, Sex, Tieren, Blut (insbesondere blauem Blut) und Perversionen untersucht. Statt die Redaktion personell auszustatten, ließ Kartim die algorithmisch erfolgreichen Nachrichten vollautomatisch in sein Blatt einrücken, allerdings unrecherchiert. Erst Kartims Korruptionsaffäre deckte diese Unzulänglichkeit auf. (Sie hätte freilich – ohne Suizid – mit einem einfachen Update behoben werden können.) Jedenfalls wusste die Welt von nun an, Kay Kartim war nicht reich, sondern nur branchenüblich sparsam. Anlässlich der Beisetzung würzte der Pfarrer seine Predigt mit einem Rätsel. Der verstorbene Verleger habe an einer Idee gefeilt, die der Menschheit einen Fortbestand ohne Globalisierung schmackhaft gemacht hätte. Leitartikler stritten sich noch wochenlang, ob das überhaupt realistisch sei. Unter der Hand war zu erfahren, der Kreisblattverleger sei, zu Lebzeiten freilich, am Angerteich spazieren gegangen und habe einen Angler aus Horxum beobachtet, wie er seinen Hut von der Angel befreien wollte. Der Hut, ein teures Modell, hatte sich samt Fisch in Schnur und Haken mit der Angelrute verheddert. Kartim sprang zu Hilfe. Im gleichen Moment gab der Horxumer auf, warf entnervt die Angel mit allem Drum und Dran ins Wasser, und Kartim erkannte: Der Charme einer wirklich großen Lösung liegt darin, dass kleinere Schwächen gleich mitbeseitigt werden. Der Entzug sozialer Ungleichheit – die große Lösung – vermochte demnach mitzuheilen, was sich sonst alles so globalisiert hatte: Dreistigkeit beispielsweise, Habgier, Hunger, Gleichgültigkeit. Zu spät erkannt.

Der Gärtner Louis, ein Schweizer übrigens, hielt trotz oder wegen alledem zu seiner verwitweten Arbeitgeberin. Nicht zu Unrecht wurde er innerhalb des Horxumer Dreiecks einer überschäumenden Potenz verdächtigt. Der Eidgenosse und Frau Daphne bewohnten (wohl ziemlich gemeinsam) den Bau, den der Verleger bis zu seinem Freitod nur zur Hälfte hatte vollenden können. Lummenauer sprachen insofern vom *Halbschloss*.

Jede Beschreibung der Sehenswürdigkeiten Lummenaus wäre unvollständig ohne eine Würdigung des Bürgermeisters. Niemand wusste seinen Namen. Er hieß Bürgermeister, das genügte. Und wenn Bürgermeister auf den ersten Blick nicht aussehen wie Bürgermeister, ist das in Mitteleuropa normal. Zwei Gründe waren es, die ihn im Urteil seiner Wähler befähigten. Erstens waren bereits sein Vater und sein Großvater Bürgermeister in Lummenau. Zweitens verfügte er über eine erstaunlich intelligente Naivität. Hätte man ihn mit einer Märchenfigur charakterisieren wollen, wäre einem das Kind eingefallen, das den allgemeinen Jubel über *Des Kaisers neue Kleider* mit dem Hinweis dämpfte: „Aber er hat ja gar nichts an." Offen gesagt, der Bürgermeister war unbeschränkt fähig, im falschen Moment viel Richtiges zu sagen. Wie bei einer echten Regierung war er lediglich eine Figur der ortsansässigen Lobby. De facto gab es in Lummenau den Bürgermeister *und* den eigentlichen Bürgermeister, kurz *der Eigentliche* genannt. Gemeinderatssitzungen leitete der Bürgermeister. Sobald die gewünschten Entscheidungen gefälligst zu treffen waren, übernahm der *Eigentliche*: Großbauer Bodo Alvermann, wer sonst. Eine Gewaltenteilung, die in kleineren Gemeinden und maßgebenden Staaten nicht unüblich ist, in Lummenau aber übertroffen wurde. Denn es gab den Apotheker Justus Horn, der als *eigentlicher Eigentlicher* letzte Entscheidungen traf. Seine Legitimation bezog Horn aus dem Umstand, dass es in

Lummenau schon lange keinen Arzt mehr gab. Zufolge den geflügelten Wörtern *Zu Risiken und Nebenwirkungen fragen Sie Ihren Arzt oder Apotheker* repräsentierte er die einzige medizinische Autorität innerhalb der Gemarkung. Die sprichwörtliche Gesundheit der Lummenauer kompensierte er geschäftlich, indem er im Hinterzimmer der Apotheke einen gemäßigten Sexshop betrieb. Zudem hielt er es mit gewissen Äußerlichkeiten des Delphischen Orakels. Vor antastbaren Entscheidungen schnüffelte er an der Ätherflasche.

Abgesehen von einem arbeitslosen Politologen, verfügte die Gemeinde über keinerlei wissenschaftliche Ressourcen. Gesellschaftliche Entwicklungen verliefen hier nicht chaotisch, sondern üblicherweise gar nicht. Der Politologe, er wusste es nicht besser, sprach von kommunaler Evolution. In jedem Dorf, behauptete er, wurzelten Keime, aus denen eine Großstadt wuchern kann. Weniger gebildete Einwohner, der Bürgermeister etwa, hängten die Sache tiefer. Sie sprachen von der Lummenauer Spielart des *American Dream*. Einen „Amerikanischen Traum" nennt ja die Gesellschaft in den USA ihren unausrottbaren Glauben, dass jedermann – vorausgesetzt, er führt nach außen einen gesitteten Lebenswandel – durch harte Arbeit nebst eisernem Willen seine Milieus und seinen Besitz aufbessern kann. Völlig anders der Traum von Lummenau: Er vollendete sich, sobald das

Neue alles beim Alten beließ. Man schätzte die Ordnung, solange sie der Unordnung einen Spielraum einräumte, verdarb sich den Appetit auf die Zukunft nicht mit hinfälligem Fortschritt. *Wenn wir wollen, dass alles so bleibt, wie es ist, müssen wir zulassen, dass sich alles verändert* hatte Giuseppe Thomasi di Lampedusa vermutet. Der Lummenauer Traum dagegen manifestierte das Bestreben, die Dinge zu wenden, ohne sie zu wenden. Am deutlichsten wurde *The Lummenau Dream* im ortsüblichen Vollzug des neunten Gebotes: Man bediente sich schon mal der Frau (des Mannes) seiner Nächsten, hütete sich aber, sie zu begehren, indem man sie nur genoss.

Lummenau neigte zu Veränderungen die dem Ort zu Weltgeltung verhalfen, ohne ihm seine kuschelige Bedeutungslosigkeit zu rauben. Warum Lummenau, fragte man sich, warum nicht einfach den Rest der Welt verändern?

Dreierlei hatte Lummenau bis dahin vor Unruhen bewahrt: Die ständig obwaltende Romantik, ein unscharfes Verhältnis zu Demokratie und Obrigkeit sowie eine eher beiläufige Beziehung zum Sex, den die Lummenauer als natürlichen Bestandteil des Gruppenlebens empfanden und durch Vollzug des neunten Gebots im Sinne des ‚Lummenauer Traums‘ praktizierten. Dreierlei wiederum drohte den Ort in eine fragwürdige Zukunft abstürzen zu lassen: Die Globalisierung, ein Vorwort und die extensive Auslegung des *Lummenau Dreams*.

Was übrigens die Dorflindengespräche betrifft, lassen sich Art und Inhalt am Beispiel der Einlassung des Karl („Kalle") Klapp, ehedem Kreissparkassendirektor, aufzeigen. Klapp setzte sich stets in den verschatteten nördlichen Sektor der gerundeten Sitzbank. Von hier blickte er auf das Gebäude der Sparkasse, das inzwischen nur noch als Wetterschutz des Geldautomaten diente. Vielleicht deshalb, vielleicht auch weil er nur 157 cm groß war, verstrickte Klapp die Diskussionsrunde häufig in Spekulationen über die Evolution der Gesellschaft. Er dachte sich Ämter wie das Finanzamt ergänzt um ein Datenamt. Jeder Bürger hätte dort, gegebenenfalls unter Beiziehung eines Datenberaters, seine Datenerklärung abzugeben. Anderenfalls würde er wegen Datenhinterziehung belangt. Das anfallende Datenmaterial könne so dem freien Markt der Geheimdienste und Verbände entzogen und staatlich verwaltet werden. Das würde den Datenmissbrauch entschärfen, denn ebenso wie Steuergelder würde der Staat die Daten lediglich verschwenden. Leider bestand wenig Interesse an Klapps Ideen. Anstelle des Sinns von Lummenau oder des Lebens, suchte er den Sinn des Internets. Klapps unfreiwilliger Humor war den Lummenauern nicht geheuer.

Dorfkrug statt TV

Ein Planet, auch wenn er globalisiert ist, gilt medienwissenschaftlich als *Globales Dorf*. Ein Dorf gewissermaßen, das vorgibt, keine Zeit mehr zu haben, ein Dorf zu sein.

Lummenau lebte mit jener Distanz zur Welt, die sich nicht nur in Kilometern oder Cappuccinos, sondern oft treffender in Kaufwünschen bemessen ließ. Als kürzlich eine Marktstudie ergab, dass in Lummenau keinerlei Anschaffungsabsichten für E-Autos bestehen, konnte der Gemeinderat die Beschlussfassung über die Errichtung einer Stromtankstelle nach DIN EN61851-1 von der Tagesordnung streichen und zum Bier im Dorfkrug übergehen.

Der Dorfkrug übrigens ersetzte den Talk im Fernsehen. Gemeinderäten genügte der Stammtisch als überlegenes Instrument zur Selbstbespiegelung. Sie pflegten zu vermuten, eines Tages würden selbst Staatssekretäre und Popstars die Vorzüge einer Talkshow begreifen, in der das Volk den Akteuren beim Trinken zusieht, ohne ihnen zuhören zu können (oder zu müssen).

In Lummenau wurde nur dem Grundgesetz zuliebe gewählt. Der Wahlkampf bestand in einer losen Folge von

Partys, bei denen die in Betracht kommenden Kandidaten von Wählerinnen (im Bedarfsfall von Wählern) zum Dank verwöhnt wurden. Man ging allgemein davon aus, dass die Räte ihre Zeit für die Kommune zur Verfügung stellten. Das Resultat dieser Auffassung von Politik war zielführend: Bei Gemeinderatssitzungen wurden Probleme kurzerhand gelöst statt lange diskutiert.

Sehr zum Verdruss des arbeitslosen, nach Lummenau verschlagenen Politologen. Wie die Juristen, Sozialpsychologen und andere akademische Exoten hätte er die Unstimmigkeiten zwischen universitärer Lehrmeinung und Realität hinnehmen können. Tat er aber nicht. Stattdessen haderte er: Mit der globalisierten Welt, erst recht aber mit den Gepflogenheiten politischer Arbeit im Lummenauer Rathaus. Haderte nicht friedfertig zuhause im Schutz der immergrünen Bepflanzung seines Wintergartens, sondern auch unter der Dorflinde, öffentlich. Gutmütig wie sie waren, luden die Gemeinderäte ihn daher vorbeugend zu einer ihrer kurzen Sitzungen ein. Die Lummenauer Gemeinderäte erhielten eine politologisch fundierte Lektion.

Es muss eine überirdische Begebenheit gewesen sein, selbst für Lummenau. Ich selber hatte keine Gelegenheit, daran teilzunehmen, konnte mir aber aus Fakten und Gemunkel nachträglich ein Bild machen:

Der Bürgermeister begrüßte den Meyer-Falkenstein kokett. An Vorschlägen zum Überleben in der Unfähig-

31

keit oder an Reformen der kommunalen Arbeitsabläufe sei man interessiert – vorausgesetzt, ihr Vortrag dauere nicht länger als fünfzehn Minuten.

Meyer-Falkenstein, was ihm anfangs schwerfiel, verhielt sich friedlich, folgte den Diskussionen der Räte und machte die üblichen Notizen für seine Memoiren. Dann durfte auch er sprechen, schmeichelte sogar: Recht habe der Bürgermeister. Man solle sich ständig vor Augen halten, in einer Umgebung von Unfähigkeit überleben zu müssen. „In der Antike", Meyer-Falkenstein leierte jetzt professoral, um wissenschaftlich korrekt zu sein, „dort, wo die Demokratie sprachlich geboren wurde, durften nur freie Bürger mitmachen – keine Frauen, Sklaven, Ausländer und so. Panta rhei (griechisch πάντα ῥεῖ, ‚Alles fließt') unterstellten die Athener. Selbst begriffliche Felsbrocken wie ‚Demokratie' würden von der Zeit aufgeweicht und mit neuer Bedeutung aufgeladen." Der Anschaulichkeit halber verweilte Meyer-Falkenstein im alten Athen. „Weil es noch keine Politologen gab, musste man sich mit Philosophen behelfen." So habe Aristoteles die Demokratie als Herrschaft der Mehrheit von Faulen und Armen über die Minderheit von Tüchtigen und Wohlhabenden gefürchtet. Und beinahe hätte er recht gehabt, wäre es nicht umgekehrt gekommen: Zur Herrschaft der Minderheit von Nichtstuer und Wohlhabenden über die Mehrheit von Tüchtigen und Armen. Die Gemeinderäte überlegten noch, ob Aristoteles recht zu geben sei, da holte der Politologe zu einem dringenden Rat aus. „Wie ich höre, werden im Lummenauer Rathaus reale Ziele gesetzt, und anschließend lässt man sich überraschen, mit welchen Maßnahmen sie zu erreichen sind. Die *political correctness* aber gebietet anderes: In interfraktionellen Verhandlungen werden erst alle wünschenswerten Maßnahmen aufgelistet. Anschließend lässt man sich von den Zielen überraschen, zu denen sie führen." Die Räte, weil sie es immer taten, nickten mit den Köpfen. „Kopfnikken", reagierte Meyer-Falkenstein schallend, „ist dem Parlamentarismus zwar nicht fremd, Argwohn aber führt zu kreativeren Resultaten. Daher ist es absolut unzweckmäßig, einer anderen Partei Redlichkeit zuzubilligen. Schönheit und Relevanz eines Problems werden durch Einmütigkeit nur zerstört…"

Hierzu fiel dem Großbauern Alvermann die Frage ein, ob Einmütigkeit etwa nicht demokratisch sei?

„Einmütigkeit", erhielt er zur Antwort, „kann vernünftig sein, selten jedoch demokratisch, tolerant schon gar nicht. Bedenkenlose Toleranz toleriert leider, wenn sich Intoleranz nicht ausrotten lässt, weil man sich ihr gegenüber tolerant verhält. Außerdem…"

Hier ließ unser Bürgermeister seine versilberte Taschenuhr an ihrer Kette baumeln. Die fünfzehn Minuten waren verstrichen. Der Politologe aber hatte sich mit Redensarten vom Makel befreit, ein *Studierter* zu sein.

Gregor M.

Aus dem mittleren, sanft ansteigenden Teil der Angerstraße stach ein Haus hervor, das architektonisch aus der
Art schlug: Anstelle der üblichen Toreinfahrt für Trakto-
ren und Gülletanks ironisierte ein protziges Portal die
Zufahrt von der Straße her. Das zugehörige Wohnhaus
erhob sich seitlich. Baumeisterlich ein Fremdkörper,
Stein gewordene Sympathie für den griechisch-römischen
Tempelbau. Dieses Haus gemahnte Passanten, dass
Lummenau einst von einem Schöngeist bewohnt war, der
die Fassade mit ionischen Säulen samt Peristyl und fla-
chem Giebeldreieck sowie einem halbrunden Fenster im
Tympanon gestaltet hatte.

Hier wohnte (im Moment schlief er allerdings noch)
Gregor M.

Ungelogen, er nannte sich Gregor M. Und die ihn
kannten, hatten dafür Verständnis. Denn das M. kürzte
einen Namen ab, über den die Welt spottete. M stand für
Mustermann: So heißt der virtuelle Liebling deutscher
Ämter: Von Statistikern, Marktforschern auf dem Reiß-
brett entworfen, Vorlage für deutsches Mittelmaß, Nach-
fahre von Otto dem Normalverbraucher, ein Goldener
Schnitt durch das Abgründige, das Menschliche

schlechthin. Mustermann, der Fiktive, der Beliebige. Stellvertreter für jedermann. Der ewige Zweite.

Es gibt solche Menschen.

Auf Gregor M. allerdings traf wenig davon zu. Hätte, als Beispiel nur, der Philosoph Adorno den Gregor M. kennen und zu würdigen gelernt, hätte er keinen Mustermann, sondern einen Menschen beschrieben, der seine Identität leugnet und so sein Schicksal selbst bestimmte – was immer das bedeutete. Tatsächlich neigte Gregor M. eher dazu, sich vor dem Leben zu verstecken. (Oder das Leben vor ihm?) Dann dachte er sich die Welt unkompliziert wie ein Chaos. Wenn er sich ein Bild von der Unendlichkeit machen wollte, fiel ihm Gleichgültigkeit ein. Während andere um das Universum bangten, kümmerte er sich um sich selbst. Insgesamt hatte er gute Chancen, überall als Deutscher erkannt zu werden.

Viele unter uns werden Gregor M. nie begegnen. Nicht einmal medial, denn er gehörte zu den Zeitgenossen, von denen nur ein einziges Foto existierte. Das Bild befand sich im Besitz der Horxumer Polizei und zeigte Gregor M. hinter der Windschutzscheibe eines Kombis der Marke Opel bei unerlaubtem Tempo 110. Auf dem Foto sah man außerdem: Gregor M. hielt sich gerade, war offenbar um die dreißig Jahre alt und auf das Tragen hochwertiger Krawatten bedacht. Was man nicht sah: Die gewisse Unsicherheit. Weil nämlich sein Leben bis dato anders verlaufen war, als ihm die Schule, ein Mädchen aus der Nachbarschaft, ein Berufsberater und sein Vater vorhersagten, hatte sich das jugendliche Gesicht von Gregor M. einen wissenden Ausdruck angewöhnt. Körpersprachlich trat er gern auf, als wenn er soeben von der Hitparade der Volksmusik käme.

In Lummenau weckte so etwas Sympathie.

Seit ein paar Jahren korrespondierte Gregor M. Nicht mit bestimmten Personen, nicht auf handgeschöpftem Papier, nicht mit Tinte, Briefmarke anlecken und so. Sondern er korrespondierte – nach der betulichen Art von Bloggern, die das Internet gern benutzen, um es vollzuschreiben. Er ging systematisch vor, lernte zunächst, was Blogposting, Threads, Asides, Permalinks, Feed und Blogroll sein könnten. Erst als er auch noch die Bedeutung von Pingback und Schlagwortwolken verinnerlicht hatte, outete sich Gregor M. gegenüber der Netzgemeinde als Mitblogger. Bloggen erlebte er dann mitunter als einsame Beschäftigung, als Freiheit zur Orientierungslosigkeit. Zudem machte er die Urerfahrung der Blogger. Seine Blogs, über öffentliche Netze an Milliarden Menschen verbreitet, las keiner – auch wenn sie bisweilen wissenswert waren. Kürzlich beispielsweise hat Gregor M. in seinen Speicherbereich notiert:

Nutzen von Software
Das ist jetzt schon ein paar Jahre her: In einem Großraumbüro, in dem Fernsehapparate vertrieben werden sollten, strickten sich Di-

plomkaufmänner eine Software, die Mensch-ärgere-dich-nicht mit sich selber spielen konnte. Auf dem Monitor erschien das Abbild des vertrauten Spielbretts. Ein Zufallsgenerator würfelte, dann geschah zunächst nichts – ein untrügliches Zeichen, die Maschine überlegte als sei sie ein Mensch. Der weitere Spielverlauf hätte sich auf dem Bildschirm verfolgen lassen. Aber es war Mittagspause, und die Kaufmänner schritten zur Kantine. Umso größer die Freude nach ihrer Rückkehr: Diesmal hatte Grün gewonnen. – An diese Geschichte musste ich denken, als ich von einer Redaktions-Software erfuhr. Sie befähigt Computer, mit Hilfe weniger Informationen und Daten selber Artikel zu schreiben. Ein Aufreger, für Journalisten und Verleger. Die Entwicklung befindet sich aber vermutlich erst am Anfang. Zu erwarten ist, dass die automatisierte Herstellung und Verinnerlichung von Inhalten vervollkommnet wird. E-Mails, Hausmitteilungen, Traktate und Memoranden könnten dann nicht nur maschinell verfasst, sondern auch zur Kenntnis genommen und beantwortet werden. Vollautomatisch. Und mit den üblichen Kopien an Unbeteiligte, versteht sich.

So war er, der Gregor M. Spöttisch, negativ – jedenfalls wenn er sich schriftlich äußerte. Im normalen Leben aber führte er sich auf wie ihm gegeben: reserviert.

INZWISCHEN WAR ES kurz vor 11.00. Gregor M. war immer noch nicht wach, aber seine Glieder und Organe zeigten Bereitschaft. Gewöhnlich kam es erst zu gymnastischen Übungen, gar zur Straffung der Bauchmuskulatur, dann zu Kaffee aus der Thermoskanne, schließlich zur geistigen Ertüchtigung. Vor dem Verlassen des Nachtruhe las Gregor M. ein paar Seiten, zurzeit im Buch des Philosophen und Medientheoretikers Marshall

McLuhan. Der Titel des Werkes, *The Global Village*, ist längst eine Metapher für das Internet. Gregor M. las also, freute sich, Gemeinsamkeiten mit einem Intellektuelen zu entdecken, der bereits in den 1960er Jahren voraussah, was führenden Politikern bis heute verborgen blieb. Er und McLuhan – Gregor M. und Marshall M. – für sie hatte der vernetzte Planet nicht den Beiklang von Überlegenheit. Beide sahen sie die Wagnisse eines allumfassenden Netzes voraus, die Gefahren des Missbrauchs. Marshall M. mag dabei an *1984* des George Orwell gedacht haben, Gregor M. dagegen fühlte sich eher an den *Prozess* des Franz Kafka erinnert.

Das von Gregor M. notorisch abonnierte Kreisblatt blieb meistens ungelesen im Briefkasten. Statt zu lesen, rasierte er sich, anschließend der Blick in den Spiegel. Regelmäßig kam es dabei zum Vergleich mit der Höhlenmalerei. Sterblichkeit traf Unsterblichkeit. Gregor M. sah wenig Haare auf seinem Kopf. Sah, dass einer, der zu jung war, um Demarkationslinien, DDR und kalten Krieg erlebt zu haben, heute bereits Falten im Gesicht hatte. Sieben war er, als die Mauer in die Wende abstürzte.

Gregor M. nutzte die Wärme beim Duschen zum Denken. Er setzte Wärmeenergie direkt in geistige Energie um. Denken macht gemeinhin schläfrig. Nicht so bei Gregor M.

Von jetzt an freute er sich auf den Tag.

Im Voraus wusste er um Geschehnisse des Abends dieses Tages: In elf Stunden würde Dr. Axel-Maria Fleissberg, ein Schöngeist aus bemittelter Familie, in der neu erbauten Montagehalle im Gewerbegebiet von Bad Segeberg eine Rede halten. Das Rednerpult und er würden sich aus einem flachen Urwald eingetopfter Grünpflanzen erheben. Fleissberg wird von schweren Zeiten sprechen, die unter seiner Führung überstanden wurden, er wird von einer neuen Zeit sprechen, die endlich auch hier Einzug hält. Wie ein Politiker wird er erwähnen, dass von nun an nichts mehr so sei wie bisher. Er wird den Leistungswillen seiner Angestellten, die er *Leute* nennt, loben. Und seiner Frau wird er für die Geduld danken, die sie seinen Abwesenheiten, er nennt sie Dienstreisen, entgegengebracht hat. Das Auditorium, darunter ein Landrat und ein eidgenössischer Popsänger, der nach ihm auftritt, dürften wohlwollend applaudieren. Und der Wirtschaftsredakteur der Lokalzeitung wird sich als Zitat die Floskel *Sehnsucht nach einer Philosophie des Bedeutungslosen* notieren. Am Ende der Veranstaltung würde geklatscht, gelacht und zu viel getrunken werden.

Ein Abend wie Millionen andere in Europa.

Wäre da nicht eine Besonderheit: Zur selben Stunde würde ein gewisser Bodo Alvermann, der es trotz seiner politischen Neigungen zum Großbauern gebracht hatte, die gleiche Rede halten, nahezu Wort für Wort. Alvermann wird, hunderte Kilometer entfernt, in einem zur

39

Diskothek aufgerüsteten Fachwerkbau in Lummenau sprechen. Von schweren Zeiten, die unter seiner Führung überstanden wurden, und er wird eine neue Zeit heraufbeschwören, die endlich auch an der Angerstraße Einzug hält. Nach Art von Politikern wird er darauf verweisen, dass von nun an nichts mehr so sein wird wie bisher. Die Duplizität wird jedoch niemandem auffallen, zumal der Korrespondent des dortigen Kreisblatts, zugleich übrigens Deutschlehrer, mit dem Zitat *Das reine Glück ist die Freude am Banalen* aufmachen und die These, so gut er kann, einer bodenständigen Betrachtung unterziehen wird.

MEHRERE FRAGEN KÖNNEN insoweit unbeantwortet bleiben. Außer dieser: Wie konnte Gregor M. am Morgen eines durchschnittlichen Werktags wissen, was abends geredet und geschehen wird?

Ich weiß es, und ich werde es im passenden Moment erklären. Jetzt nämlich.

Denn ich bin Gregor M.

Die Episode mit der verdoppelten Rede hat übrigens mit meinem Beruf zu tun, den ich einer beginnenden Frau zuliebe wählte – nichtsahnend, dass mein Heimatort Lummenau dadurch so bekannt, dass er beschädigt würde. Bis dahin aber… Rückschau.

Retrospektive

Das fällige Kapitel zu Kindheit und Jugend überschreibe ich bewusst lateinisch: *Retrospektive*. Nicht um im Nachhinein ein beachtliches Lebenswerk bewundern zu lassen. Sondern als Zugeständnis an den Zeitgeist, der die zukunftsfeste Archivierung des (analogen) Gestern als *retrospektive Digitalisierung* versteht.

ZWANZIG JAHRE nachdem die seinerzeit populären Autoren Lutz und Lohberg in den letzten Zeilen lagen zu ihrem Buch *Was denkt sich ein Elektronengehirn?*, kam ich auf die Welt. Es verstrichen weitere sechs Jahre, dann erst wurde in Lummenau das erste Elektronengehirn in Stellung gebracht – übrigens im Wintergarten des damals schon arbeitslosen Politologen Meyer-Falkenstein.

Nur um zu veranschaulichen, in was für einer Zeit ich aufwuchs: Wollte ich als Grundschüler zu jener Zeit wie heute üblich ein freizügiges Foto von meiner Freundin verbreiten, musste ich einen Film kaufen, diesen Film, auf dem nach der *Shooting Session* noch nichts zu sehen war, bei einem Drogisten entwickeln lassen, den Blick des Drogisten aushalten und mich mit einem Papierbildchen begnügen. Hätte ich einen annähernd gleichen Effekt wie das Posten bei Facebook erzielen wollen, wäre ich genötigt gewesen, bei dem Drogisten eine entsprechende Anzahl Kopien zu ordern, die Papierbildchen in handschriftlich adressierten Briefumschläge und mit kostenpflichtigen Briefmarken beklebt an alle Freunde zu verschicken.

Im Dorfkrug, selbst am bevorzugten Nebentisch, der den Frauen gegönnt war, erst Recht an der Lummenauer Grundschule, wurde der Meyer-Falkenstein beneidet. Und nicht nur seines Elektronengehirns wegen. Es bestand der Eindruck, dass Politologen nicht arbeiteten. Stattdessen mussten sie nur reden und denken. Was uns Kindern mächtigen Eindruck machte. Ich stellte mir vor, das Elektronengehirn sei für den Politologen wie geschaffen. Während er in der Sonne spazierte, ließ er zuhause denken, maschinell.

Seiner häufigen Streifzüge wegen war es nur eine Frage der Zeit, bis ich dem Politologen auf dem Weg von der Schule begegnete. Wir überbrückten unseren Altersunterschied mittels Erfahrungsaustausch. Er interessierte sich für erste Erfahrungen eines Dreikäsehochs mit der Bildung, ich interessierte mich für sein Elektronengehirn. Elektronengehirn? Der Politologe schüttelte den Kopf. Das Elektronengehirn hieße inzwischen Personal Computer, kurz PC. Und überhaupt: Ob Gehirn, Supergedächtnis oder schlicht Home Appliance, für ihn handele es sich um eine Krücke. Eine Schreibkrücke, eine, wie er es ausdrückte, Maschine zur Herstellung von Leserlichkeit. Seine meistens unveröffentlicht bleibenden Publikationen, politologische Traktate nannte er sie, bedürften der Schriftform. Allerdings, ein Erbschaden väterlicherseits, würden ihm die Hände zittern. Nur der Computer könne dieses Handicap verbergen. Über die Tastatur entlocke er selbst zitternden Fingern ein klares Schriftbild. Wie alle Menschen, die keine haben, bewunderte der Politologe die Handschrift. Handgeschriebene Buchstaben seien der gleitenden Hand entsprungene Gedanken, meinte er. Ein PC aber würde gedankenlos schönschreiben und sich somit als zeitgemäßes Werkzeug ausweisen, indem er die Form dem Inhalt vorzieht. Der Politologe schlug mir vor, seinen Computer zu besuchen.

Wie es sich für arbeitslose Politologen gehört, wohnte er in dem Haus direkt gegenüber der Kirche (gewissermaßen in Opposition zur Kirche). Die spärliche Wohnung war überwiegend mit Pflanzen möbliert. Kakteen, groß bis riesig, Blumenkästen vor dem einzigen Fenster, botanisch verzaubert der so genannte Wintergarten. Hier würde er arbeiten, sagte der Politologe. Ich überhörte höflich das Wort *arbeiten*.

Wie im Urwald versteckt, schlief der Computer in jenem Wintergarten. Ich hoffte noch immer, dass es sich um ein Gehirn mit angesagten Fähigkeiten handelte. Das Ding wurde eingeschaltet. Nacheinander ereignete sich nichts, dann wenig. Doch ein Gehirn? Auf einem Bildschirm, noch kleiner als beim Fernsehen, erschien ein winziger grüner Strich, blinkte und drängte den Politologen, die Tastatur zu bedienen. Endlich erschien Text. Unbegreiflich viel Text, unbegreiflich grün, auf dem unbegreiflich kleinen Bildschirm. Unbegreiflich auch für einen Sechsjährigen, dass dieser Apparat sich so leblos verhielt, nichts geschah. Ein Gehirn? Erst mit dem Internet, das konnte ich nicht wissen, würde der Computer anspruchslos genug sein, um von breiten Schichten verstanden, genutzt und geliebt zu werden.

Obwohl ich vom Computer und seinem Arrangement im botanischen Garten etwas enttäuscht war, wurden wir, der Politologe und ich, Freunde. „Ich heiße Meyer-Falkenstein", sagte er, „für dich Albert."

„Albert…" Mich interessierte, ob das Dorf, Lummenau zumal, die passende Gegend für Politologen sei.

„Die passende Umgebung jedenfalls, um sich zu entschleunigen", meinte er.

„Entschleunigen? Habe ich noch nie gehört."

„Kein Wunder. Das Wort habe ich eben erst erfunden. Es wird eine große Zukunft in der Politik und in den Feuilletons haben."

„Und was bedeutet das Wort?"

„Das wirst du verstehen, wenn du selber das Bedürfnis nach Entschleunigung verspürst." Woher konnte er das wissen? Erst in etwa zehn Jahren würde mich ein

Mädchen im dafür vorteilhaften Alter von 17 Jahren über die Genüsse der Entschleunigung aufklären, verbal.

NICHT NUR eines Computers, auch unordentlicher häuslicher Verhältnisse und einer verfrühten Liebe wegen näherte sich mir das Leben. Meine Zukunft, könnte man sagen, geriet in Unordnung, bevor sie eintreten durfte.

Zunächst war ich wie jeder: klein und leicht zu betrügen. Ich vertraute der Lebensnähe väterlicher Beschlüsse, die sich im Jahresrhythmus änderten und überwiegend meine Karriere betrafen. Mein Vater plante mich zunächst als Agrarier, zwischendurch als Goldschmied, Fraktionsvorsitzenden, später als Theologen. Am Ende aber bestand er darauf, dass ich eine künstlerische Berufung ergreife. Diese Wankelmütigkeit passte eigentlich nicht zu seinem Handwerk.

Denn mein Vater besorgte in Lummenau die Angelegenheiten des Hufschmieds und Pferdeflüsterers. Gemeinhin stellt man sich den Schmied grobschlächtig, den Flüsterer als empfindsam vor. Das Gegenteil traf bei meinem Vater zu. Er schmiedete das Eisen mitfühlend, den Pferden trat er konsequent entgegen. Sie mochten ihn trotzdem, weshalb er Pferde gern mit Frauen verglich. Zwar war mein Vater humorlos. Nicht, dass er maßlos ernst oder langweilig war – er verstand Witze nur nicht. Außer einem, und den wiederholte er bei jeder Gelegenheit: Mit Frauen, sagte er dann, habe er stets Pech gehabt. Entweder sie verließen ihn. Oder sie blieben.

Spätestens mit dem Erwerb des tempelartigen Hauses in der Angerstraße wurde offenbar: Mein Vater hat sich zeitlebens als Mensch missverstanden. Meine Mutter, i.e. die Frau, die den Behörden gegenüber als meine Mutter galt, missverstand dieses Missverständnis. Sie hielt meinen Vater für ein höheres Wesen und sparte sein Geld. Ihr Interesse am Auf und Ab der Mode zügelte sie damit, dass sie von Oktober bis April einen Schal, während der anderen Monate *keinen* Schal trug. Im Übrigen teilte sie sich den ledigen Mann mit ihren beiden Schwestern. Vom Lummenauer Harem war die Rede. Welche der drei am jeweiligen Tag die amtierende (Ehe-)Frau war, und welche die amtierenden Tanten, interessierte nicht. Die Frauen, hieß es in der blumigen Sprache des Dorfklatsches, fühlten sich von *Pranken* beschützt, die sogar Eisen zu zähmen verstanden. *Was für ein Mann.* Wir erfuhren die Toleranz der unerfüllten Missgunst.

Die Bestimmung zu mehr als einer Frau übrigens erwies sich bei mir als erblich. Denn außer mehreren Müttern prägten mein Leben drei Frauen: Die spröde, wenn auch direkte Innigkeit eines gleichaltrigen Mädchens namens Rike. Deren Mutter. Und eine unbekümmerte Philosophin, die *Scheiße* sagen konnte: Lilly

46

Keuschheit

Rike hieß, obwohl sie damals noch klein war, eigentlich Ulrike. Sie wirkte pummelig wie viele kleine Mädchen, in denen bereits die Schönheitskönigin schlummert, und zwar nicht die langweilige, die für die Titelseiten.

Rike hatte einen etwas schlurfenden Gang und fortschrittliche Eltern. Ihre Mutter Ute war die erste, die in mir nicht nur ein Kind, sondern den Mann erkennen würde. Auch sonst experimentierte die Ute gern: Sie ersann Sonnenuhren, erdachte innovative Futtermischungen für die Schweinemast und dirigierte die geläufigen Kantaten im Chor der Kirchengemeinde. Rikes Vater hielt es mehr mit der Biologie und – in einigem Abstand – mit der Anarchie. Bevor einschlägige Minister und Supermärkte die ökonomischen Vorzüge biologisch etikettierter Nahrung erkannten, befürwortete er die strikt biologische Aufzucht von Flora und Fauna. Am Stammtisch im Dorfkrug galt er deshalb als aufständisch. Männer hielten ihn für einen Spielverderber. Frauen nahmen die anarchistische Schlagseite gern in Kauf und schätzten seine unbefangene biologische Orientierung. Dieser Mann sei einfach *bio* flüsterten sich Betroffene beim Kaffeekränzchen zu, allerdings nur körpersprachlich.

Rike bewohnte mit ihren Eltern das Nachbargehöft, einen widersprüchlichen Bau, grau wie verrotteter Kuhfladen, unterhalb des Giebels mit einer der von Rikes Mutter gestalteten Sonnenuhren aufgewertet. Ich vermied es, nach dieser Uhr zu leben oder auch nur hinzuschauen. Als Kind war mir die Sonnenuhr unheimlich, unser Briefträger hatte mir erklärt, es gebe keine genauere Uhr auf der Welt, denn diese würde von Gott gestellt.

Die Rike gehörte zu meiner Kindheit wie das permanente Grunzen der Schweine in den umliegenden Ställen. Rike war mir überlegen. Vermutlich deshalb, weil sie sich überlegen *fühlte*. Wir spielten Vater und Mutter, wobei sie die Rolle des Vaters übernahm, spielten Heiraten und Fußball. An warmen Tagen tauchten wir abends in den Angerteich, in dem sich morgens die Nutztiere wuschen. Rike und ich besuchten dieselbe Schule, dieselbe Klasse und dasselbe Baumhaus, das mein Vater – mit dem Aufkommen der Traktoren blieb dem Hufschmied dafür Zeit – so großzügig dimensioniert hatte wie eben einer, der drei Frauen hat.

Wir, die Rike und ich, hockten nicht nur im Baumhaus, sondern auch unter dem Tisch. Etwa damals, als die Gäste anlässlich der Beerdigung von Rikes Großtante feierten und zu viel Bier und Pfefferminzlikör tranken. Noch bevor die ehrfürchtig gelaunte Gesellschaft aus der Kirche zurückkehrte, hatten wir uns unter die festlich gedeckte Tafel in den Schutz von herabhängendem Damast begeben. Dort fühlten wir uns lauschig wie Höhlenkinder in der Steinzeit. Zwischen dem Gebein der Trauernden und festlichem Schuhwerk, zwischen Selbstsicherheit und Gerüchen breitete sich etwas wie Geborgenheit. Oben wurden erste Streitigkeiten um die Erbschaft ausgetragen. Unter dem Tisch wurde am Schenkel gekratzt. Manchmal tastete sich eine Hand auf ein Knie von nebenan.

Wir ahnten uns an einem Ort, an dem die Zeit sich verschnaufte. Die Lage unter dem Tisch, flüsterte ich in Rikes Ohr, ähnele dem Leben: Wenig Aussicht, beschränkte Perspektiven, angenehm wie befremdlich. Ohne schon zu wissen, was das ist (und dass es durchaus welche gibt), erschien ich mir als Intellektueller – gern hätte ich über alles nachgedacht, ich wusste nur nicht, worüber. Der Rike, obwohl sie später eine Frau werden wollte, erging es wohl ähnlich. Also küssten wir uns. Nicht in libidinöser Absicht, sondern weil wir schon einmal dabei waren, Ungehöriges zu tun. Beim dritten Kuss, über uns tobte der Erbstreit, beschloss ich, Anwalt zu werden.

Wenn der Leichenschmaus vorüber, der letzte Gast gegangen oder im Rausch ertrunken war, würden wir auftauchen, und die Zeit würde dort fortfahren, wo wir abgetaucht waren.

Die Rike wurde meinem Leben zur Angewohnheit. Vermutlich deshalb ist mir die Lilly nie aufgefallen. Lilly war anders. Lilly trug die Haare herausfordernd, lang wie Rapunzel. Lilly war wunderbar dünn und staksig. Sie besuchte in den Ferien, gelegentlich auch an Wochenenden, ihre Großeltern, die uns schräg gegenüber in der Angerstraße wohnten. Lilly war zwei Jahre jünger, ihrer endlosen Streichholzbeine wegen etwas größer als ich und in der Art hübsch, die meine Mütter *niedlich* nannten.

Lilly wohnte in Horxum bei Pflegeeltern, deren Zuwendung verdorrt war wie ihre Haut. Lilly ertrug es, mit diesen Leuten zusammen zu leben, weil sie die Welt aus dem globalisierten Augenschein der Großstadt betrachtete. Als Eingeborene einer Stadt hatte Lilly bereits die Internet-Sozialisation durchlaufen. Während wir im Dorf noch den geläufigen Religionsgemeinschaften anhingen, sammelte sich die städtische Jugend in angesagten Communities. Es war die Zeit, als die sogenannte *Digitale Spaltung* wissenschaftlich auffällig wurde. In ein paar Jahren würde man auf kultivierten Partys zwischen *Digital Immigrants* und *Digital Natives* unterscheiden. Zwischen Menschen, die vor 1980 geboren, also nicht von klein auf mit Informationstechnik vertraut waren, und später geborenen, die mit den Techniken und Ideen des Informationszeitalters aufgewachsen waren. Forscher wähnten alsbald einen digitalen Graben zwischen Reich (vereinfacht: Computerbesitzern) und Arm (vulgo: Habenichtsen). Später sahen sie solche Gräben zwischen Jung und Alt, zwischen Gebildeten und Ungebildeten. Zunächst unbemerkt von der Wissenschaft, kam es sogar zur digitalen Spaltung zwischen Stadt und Land. Ich beobachtete das im weiteren Verlauf an gewissen Unterschieden zwischen der Rike und der Lilly.

Lilly sah nicht weg, wenn sie mir beim Bäcker begegnete. Peinlich, denn ich war schon elf, und sie trug Zöpfe. Noch peinlicher, als sie sich eines Tages im Bus neben mich setzte. Sie begrüßte mich aufdringlich. „Hallo." Alles an ihr war direkt, der zupackende Blick, die hinlangende Gestik. Ich reagierte selbstverständlich nicht. Der Bus nahm Fahrt auf. Lilly blickte aus dem Fenster. Bestimmt beobachtete sie die Wiesen; ich erinnere mich, sie waren frisch gemäht. Als wir am ehemaligen Steinbruch vorbei fuhren, sah Lilly mich an. „Du bist doch der von der Rike?" fragte sie. Lillys große Augen waren braun. „Fickt ihr schon?" Von diesem Wort war mir bekannt, dass man es nicht sagen durfte. Meine Mütter hatten mich zwar aufgeklärt, allerdings nicht über die umgangssprachlichen Konsequenzen. Einer Göre mit Zöpfen gegenüber zuzugeben, dass ich unsicher war, was das ist und wie man es bewerkstelligt, kam nicht infrage. „Na hör mal", sagte ich. Und fügte, um Zweifel auszuschließen aufs Geratewohl hinzu: „Beim Frühstück sowieso." Ein Satz, der mich, naheliegend beim Frühstück, fast zehn Jahre danach in eine himmelschreiende Situation bringen sollte. Bis dahin würde ich Lillys Direktheit als

Ernsthaftigkeit verstehen. Sie wehrte sich. Ihre Eltern hatten eine grausame Trennung hingelegt. Erst bekämpften sie sich verbal, später nahm der Vater ein Küchenmesser zu Hilfe. Lilly wurde anschließend ein Opfer der Experimentierfreude des Jugendamts, sprich: Stiefkind eines zu alten Pärchens. Dennoch ließ Lilly sich nicht unterkriegen. Sie interessierte sich ganz allgemein. Insbesondere für Details. In diesem Sinne hätte sie sich auch gern für mich interessiert. Aber ich war erst elf und sie schon neun. Viel Persönlichkeit, wenig Person.

Ich begab mich, ohne es zu wissen, auf einen Umweg zu Lilly. Meine Augen, ich war nun mal blauäugig, verguckten sich in Rike.

Als es an der Zeit war, ans Abitur zu denken, fuhren wir, die Rike und ich, unsererseits mit dem Bus in die Kreisstadt. Wir redeten nicht über Frühstück, sondern über Mathematikaufgaben. Gemeinsam besuchten wir die Oberschule und die Eisdiele gegenüber der Krättlinger Marienkirche. Rikes Einfluss nahm überhand.

Als ich 16 war und mich hinreichend erwachsen fühlte, die Rike näher, also ohne Bluse kennenzulernen, scheiterte ich. Nicht an ihrer Keuschheit, sondern an ihren kulturellen Ansprüchen. Rike stand neuerdings auf Jungen, die keinen Stallgeruch, sondern Gedichte, vulgo: erblühende Lippen, silbernes Mondlicht und dergleichen mitbrachten. Sie hob, sagte sie mir, sich und ihre Brüste für einen Künstler auf, insbesondere für einen Dichter. Doch obwohl ich augenblicklich schwor, ein Künstler zu werden, insbesondere ein Dichter, die Knöpfe der Bluse öffneten sich nicht.

Was blieb mir, außer Tatsachen zu schaffen? Ich suchte meinen Vater auf und beichtete. Er war gerade mit den Hufen eines Hengstes beschäftigt und absolut dagegen. „Verdammt nochmal, mein Junge wird kein hergelaufener Goethe", polterte er. Bei uns durfte man missfällig über Kultur reden. Wir lebten in Lummenau, wo das Feuilleton im *Kreisblatt* vor allem im Sommer genutzt wurde, wenn viel Gemüse einzuwickeln war.

Meines Vaters Abneigung gegen Literaten ging so weit, dass er eine Reproduktion von Karl Spitzwegs bekanntem Gemälde vom armen Poeten auf dem Klo im Hof zeigen ließ. Dieses Verhalten entsprang nicht provinzieller Engstirnigkeit. Vielmehr ging es um eine ärgerliche Lücke in unserer Ahnentafel. Denn der uns und allen Lummenauern unbekannte Vater meines Vaters, mein biologischer Großvater also, hatte den unter Dorfbewohnern obwaltenden Bedarf an Sünde und Literatur konterkariert, indem er den Sinn meiner Großmutter für das Höhere missbrauchte und sich als Dichter ausgab. Er wolle, heuchelte er, die „Zachäus-Fahne besingen". Es war Kirchweih, und bekanntlich wird diese Fahne dann gern zur Erinnerung an den Zöllner Zachäus gehisst, der vor beiläufig 2000 Jahren eigens auf einen Baum gestiegen war, um den vorübergehenden Jesus zu sehen. Allein schon die in Ställen und Scheunen unübliche Wortwahl des Fremden, der die Fahne nicht grüßen oder ehren, sondern *besingen* wollte, dürfte die Knie meiner Großmutter zum Zittern, oder, wie man heute singt, ihren Bauch zum Kribbeln gebracht haben. Hinzu kamen die an Kirchweih gebräuchlichen Exzesse: Sie ersetzten damals, *Online* gab es noch nicht, die heute gebräuchlichen Zustände der sozialen Vernetzung und besorgten den Frieden im Dorf. Man hatte – wie beschrieben – ein pragmatisches, rein anwendungsbezogenes Verhältnis zur Sexualität, feierte, tanzte, trank Holunderwein und Eierlikör, das frische Heu hinter der Friedhofsmauer lud zum Entspannen ein, die Bäuerinnen trugen Haut unter den Röcken… na und so weiter.

Der Dichter hinterließ anstelle von Kultur etwas Sperma und eine Adresse, die sich als falsch entpuppte. So kam es, dass mein Vater seinen Vater und ich meinen Großvater nie kennengelernt haben. Meiner ledigen Großmutter erging es ähnlich, sie konnte sich an nichts erinnern. Außer an ein paar Verse, in denen glühende Lippen und silbernes Mondlicht und, aber das wollte sie nicht beschwören, ein paar Zachäus-Fahnen vorkamen.

Als Ergebnis wuchs mein Vater im Wege der Alleinerziehung auf, was seinerzeit problematischer war als heute. Dem Ortsgeistlichen sei Dank, der die Dorfbewohner anhielt, gegenüber *Kindern der Kirchweih* und deren

Kindeskindern Toleranz zu üben. Später, ein Dorf vergisst ebenso wenig wie das Internet, bewahrte mich die Rike vor übler Nachrede. Sie zeigte eine angeblich eidesstattliche Erklärung meiner Großmutter herum. Eigentlich handelte es sich um ein Rezept zur Herstellung von Blätterteig, aber in altdeutscher Sütterlinschrift. Aus Dankbarkeit vertiefte ich das Interesse an Rikes Brüsten, der Poesie und meinen Entschluss, Dichter zu werden.

Um vorhersehbarem Streit aus dem Wege zu gehen, besänftigte ich meinen Vater mit einer List: Nicht Dichter sei mein Berufsziel, sondern Schreiber. Denn Schreiber, schwärmte ich, sind bildende Künstler, sie können Bilder mit Wörtern malen. Um den *Künstler* abzuschwächen, ergänzte ich, die Schreiber hätten schon vor Jahrtausenden in Ägypten zu den angeseheneren Zeitgenossen gezählt. Ich übertrieb die Weisheit der Pharaonen, die Pracht in den Palästen und die Gehälter der Priester, unter denen die Schreiber die Ranghöchsten gewesen seien. Am Ende hatte ich meinen Vater überredet. In der Familie nannten wir das einen *historischen Kompromiss*. Inzwischen hatten wir nämlich einen Farbfernseher in der Küche und konnten uns beim Essen weiterbilden.

Apropos Fernsehen. Die Medien hatten in Lummenau eine realistischere Unbedeutung als anderswo. Als der Fernseher sein konnte wie ein Computer, wusste man sich zu helfen. Man konsumierte Seifenopern und die Tagesschau kurzerhand auf dem Computer. Anders jedoch als vom Erfinder Paul Nipkow gedacht, verstand man das *Fern* in Fernsehen bei uns nicht örtlich, sondern zeitlich. Ferne Vergangenheit oder ferne Zukunft. Das aktuelle Geschehen dagegen interessierte in Lummenau weniger bis gar nicht. Ironisch notierte ich im Blog:

Wenn ein Bundesminister den bereitgehaltenen Mikrofonen, Kameras, Laptops und Kugelschreibern anvertraut, er habe ein nützliches Gespräch mit einem überseeischen Kollegen geführt, dann missbraucht das die auf Nachrichten angewiesene Medienwelt als Information. In Lummenau allerdings vergeblich. Hier werden Bundesminister und Gespräche, insbesondere nützliche, nur als Nebeneffekt des Regierens erachtet. – Insoweit ist dem hier ansässigen arbeitslosen Politologen Recht zu geben, wenn er meint: „Zum Glück ist keine Regierung so unfähig, dass sie nicht wenigstens Nachrichten produzieren und so Arbeitsplätze in der Medienwirtschaft schaffen kann."

Zurück zu Rike: Obwohl ich in Baumhäusern etc. gelernt hatte, diese Frau auszuhalten, ist aus der Verbindung zunächst nichts Heiratsfähiges geworden. Ihre auffällige Schwärmerei für Dichter hätte mich ohnedies stutzig machen müssen. Die Gene der Dorfbewohner hatten sich, dank der regelmäßigen Wiederkehr von religiösen und anderen Festlichkeiten, zu unseren Ungunsten vermischt. Der Pfarrer gab uns dies diskret zu verstehen. Seinerzeit hatte ein Seelsorger gewisse Funktionen, die inzwischen das Internet übernommen hat. Wie ein früher Google sammelte er Daten, wusste sie zu nutzen und vergaß sie nie. Handschriftlich in seinem Notizbuch knüpfte er ein soziales Netzwerk, nachdem er anlässlich von Beerdigungen, Taufen, Hochzeiten, Kirchweih und anderen Ausschweifungen ein wachsames Auge auf die Gemeinde gerichtet hatte. Wir erfuhren, dass ich und die Rike hochgradig miteinander verwandt seien. Rike schien darüber zunächst enttäuscht. Wie in der Landwirtschaft notorisch, hielt sie jedoch wenig von Nachhaltigkeit und gab sich, Ekstase murmelnd, dem Stallknecht hin. Übrigens nicht im Stall. Es hieß im Dorf, der Knecht habe sich vor den Bio-Schweinen geniert. Ich aber beschloss, ab sofort Frauen nicht zu verstehen.

Das fiel mir umso leichter, nachdem ich Rikes Mutter, der Ute, hatte helfen dürfen. In ihrem zum Kräutergarten gehörenden Blockhaus war ein Regal zu montieren. So schwer, wie sie stöhnte, fand ich das gar nicht. Als alles im Halbdunkel zusammengeschraubt war, verengte sich Utes Stimme, als wenn sie mir ein Geheimnis anvertrauen müsse. „Das Blockhaus", sagte sie schelmisch, „dient unter anderem der Bevorratung mit Sämereien." Das überraschte mich nicht. Sie habe, wurde die Ute deutlicher, vom kindischen Benehmen ihrer Tochter Rike erfahren. Das allerdings überraschte mich. Vor allem, weil ihre Mutter es peinlich nannte. „Ich würde gern", dabei verströmte sie unkeusche Wärme, „die Ehre unserer Familie reinwaschen." Ute zögerte noch eine Se-

kunde. „Ich werde dich zum Mann machen. Willst du?"
Aus irgendeinem Grund begriff ich. Und stimmte trotzdem zu. Statt zum Mann machte mich die Ute zum Zap-
pelphilipp. So erregt und schnell war ich.

DIE RIKE HABE ICH im Lesesaal einer Universitäts-
bibliothek wiedergesehen. Rike konnte das Studieren
nicht lassen, damals gerade Psychologie. „Mein Freund",
erklärte sie mir den schmächtigen Glatzkopf neben ihr.
Als sie mich nach unserem Nicht-Gespräch zum Aus-
gang begleitete, auf der Steintreppe im düsteren Foyer
zwischen zwei Granitsäulen öffnete Rike kurz ihre Bluse,
nahm meine Hand und zog sie ins Warme. „Das schulde-
te ich dir noch." Es klang wie bei ihrer Mutter Ute.

Bis heute zögere ich, Freunden, die mit der Nachbar-
tochter liebäugeln, eine solche Beziehung anzuraten. (Ersatzweise gebe ich die Verbindung mit der Mutter zu bedenken.) Rike war dennoch keine Zeitverschwendung.
Sie sah ziemlich gut aus, fühlte sich ebenso an und lachte
gerne – manchmal auch an der richtigen Stelle.

Und Lilly? Lilly war kapriziös, raffiniert, intelligent.
Eine zum Sehnsucht bekommen.

Was ich mangels Alters noch nicht verinnerlichen
konnte: Lilly war der Traum, Rike die Erfüllung. Bevor
ich allerdings bei *Erfüllung* mitreden konnte, kam erst eine
echte Reifeprüfung. Das Abitur.

Einmischung

Führt man sich vor Augen, dass Menschen, selbst gebildete, auf behördliche Einmischung vertrauen, erklärt sich unter anderem fast alles: Die Überzahl der Ämter, das gesellschaftliche Ansehen der Ehe, die Wahlergebnisse, nicht zuletzt der Bedarf an Berufsberatern. Auch ich, nunmehr mit Abitur, suchte einen auf, betrat seine Amtsstube und... entschuldigte mich. So amtlich wirkte die Stube. Reste von Luft darin waren verbraucht, ich nahm an, vom Beraten.

„Ihr Name?"

„Mustermann. Gregor Mustermann."

„Kenn ich nicht."

Sie kennen *nie* jemand.

Der Berater grub in einem Stapel Papier. Irgendwann fand er den von mir vorab ausgefüllten Fragebogen, hielt ihn kurz wedelnd in die Luft, las darin. „Schreiber wollen Sie werden? Interessant!"

Interessant sagen Sie *immer.*

Was der Berater meinte, umschrieb er ironisch: „Will hier jemand die Analphabeten als Marktlücke entdeckt haben?" Ich berief mich auf die Pharaonen. Der Berater berief sich auf Fakten. Der Markt sei klein, viele Leute hierzulande könnten schon selber schreiben. Oder ob ich auswandern wolle? Seine Stimme färbte sich, Mitleid des Besserwissers. Da müsse ich mich weit weg orientieren. Nach Indien etwa, angeblich existierten dort bis heute Schreiber, die in windgeschützten Nischen der Gassen ihr Schreibgerät bereit hielten, um Passanten bei behördlichen Eingaben oder der Abfassung von Liebesschwüren behilflich zu sein. Liebesschwüre! Der Mann lachte – für mich ein Beweis, er hatte keine Ahnung. Seine Beratung bestand darin abzuraten. Früher, erinnerte er sich, hätte er mir noch zum Journalismus geraten. Aber seitdem die sogenannte *vierte Gewalt im Staat* am Tropf der Werbeetats hängt, könnten Journalisten allenfalls noch Online vegetieren. „Man hat den *Blog* zum Gärtner gemacht", scherzte der Berater albern. Er hatte, wie gesagt, keine Ahnung.

Schreiben zu können, konterte ich, bedeute die Fähigkeit, Wörter zu Gefühlsausbrüchen, zu Protagonisten, zu Lügen, Gewissheiten, Festgedichten oder Predigten zu kombinieren. Sogenannte gescheite Gedanken.

„Aah, ein Autor!" Der Berater blätterte in einem Ordner, vermutlich dem eigentlichen Berater. „Schreiber!" triumphierte er jetzt und las vor: *Beim Schreiber handelt es sich um einen Dienstleister mit den gewaltigen wirtschaftspolitischen Hintergründen der Dienstleistung.* Der Berufsberater kritzelte etwas auf den Fragebogen. Genau in den Kasten, wo *Raum für amtliche Hinweise* vorgedruckt stand.

„Dienstleister", murmelte er dabei. Und etwas von fehlendem Geschäftsmodell. Den obligaten Gutschein *Teilnahme an einem Grundkurs zur elektronischen Datenverarbeitung* ließ ich unversehentlich in seinem Papierkorb liegen.

Mir wünschte er gutes Gelingen.

ZUHAUSE BLÄTTERTE ICH im Internet. Als Dienstleister würde ich mich in folgender Gesellschaft befinden: Banker, Prostituierte, Gastronomen, Staubsauger- und Generalvertreter... *Wenn schon*, dachte ich.

Das Schicksal aber denkt niemals *wenn schon*.

Was der Berufsberater nicht überblicken konnte: Das Schreiben würde mich zum Mitwisser machen, zum Retter von Milliardären, Beischläfer von Astrophysikerinnen. Zum Kumpan von gefährlich arglosen Weltverbesserern. Allerdings im minimalistischen Ausmaß eines Dorfes und einer Frau Leipold, die eingesehen hatte: „Leben ist das, was gelegentlich zwischen der Geburt und dem Tod passiert." Derart minimalistisch betrachtet, erfasste man in Lummenau den Kern der Dinge oft zutreffender als bei der Europäischen Union.

Schicksal? Es spiegelte mir den amerikanischen Traum vor: mittels Talent, bürgerlicher Unverdorbenheit und selbstgemachtem Fleiß erfolgreich sein zu können. Meine vier Eltern waren sowieso dieser Ansicht.

Entschleunigtes Frühstück

Und Lilly? Vor dem Horxumer Heimatmuseum, wo die Handschriften der Mönche seit Jahrhunderten erschöpfend unbeachtet blieben, trafen wir uns wieder. Zufall. Siebzehn war Lilly nun und sah auch so aus. Zum Herzklopfen siebzehnmäßig. „Gut, dass ich dich treffe", sagte sie. „Ich würde wahnsinnig gern mit dir frühstücken."

Frühstücken?

Wieso Frühstücken? Es hatte Gerüchte gegeben, Lilly sei in schlechte Gesellschaft geraten. Koma saufen, gigabyteweise Nacktfotos bei YouTube, und Vegetarierin sei sie auch. Aber frühstücken?

Worauf sie anspielte, war neun Jahre her. Damals im Bus von Lummenau nach Krättlingen hatte sie sich für die Reife gewisser Beziehungen zwischen der Rike und mir interessiert. Meine sexistische Angeberei *Beim Frühstück sowieso* hatte ich jedoch längst vergessen.

Also dachte ich mir nichts dabei. Weil ich selber gern frühstückte, lud ich Lilly ein. Großspurig in den Krättlinger Hof. Erstes Haus am Platze, sagt man so. Da das Haus seit drei Generationen unter der Obhut derselben Familie stand, wurde es bereits dreimal durch Renovierung der jeweils neuen Zeit ausgeliefert. Aus Pietät blieb

das Alte und hatte sich mit dem Neuen zu einer Möbel-
ausstellung vermischt.

Das Frühstücksbuffet im Krättlinger Hof galt als
reichhaltig und einer Kreisstadt würdig. Einmal frühstückte hier sogar der Sänger Heino. Bei frischen Brötchen und Rührei mit Schinken saß man hinter Glas. In
einer Art Veranda, mit Blick auf die Lummenauer Allee,
(die in Anlehnung an die Düsseldorfer *Kö* selbstbewusst
die *Lu* genannt wurde). Die Frühstückenden bildeten mit
den Passanten auf der Lu so etwas wie ein Asoziales
Netzwerk. Statt Freunden gab es *die da draußen* und *die da
drinnen.*

War es Appetit oder Neugier auf Lilly? Ich war zu
früh gekommen. Der Tisch hinter Glas war reserviert.
Ich setzte mich und schaute über die Frühstückskarte
hinweg auf die *Lu*. Wartete, hoffte, ich ignorierte meine
Uhr, bediente mich vorab mit Räucherlachs, Erdbeerku-
chen und Blicken auf das *Lu*-Leben an sich. Hoffte weiter. Längst war der zweite Milchkaffee ausgetrunken, und
ich hoffte immer noch. Da sah ich sie. Lilly. Nicht einmal
eine Stunde verspätet, wippte sie im kurzen, mit Zenti-
metern geizenden Schottenrock heran. Aus der Bluse, in
Farben und Mustern ebenfalls nach schottischem Geschmack, ragten die Zipfel ihres seidenen Halstuches.
Das Haar trug sie noch immer nach der erotischen Gepflogenheit von Rapunzel. Die Beine, früher wunderbar
staksig, waren jetzt nur noch wunderbar. Lilly sah sich

um, und ich begriff augenblicklich, warum Poeten von Augen sprechen, die wie Sterne funkeln und im Kontext von der Liebe auf den ersten Blick.

Lilly nahm den Hotelbau zur Kenntnis, dann sieben Stufen zum Eingang, prüfte sich im Gespiegel der gläsernen Tür und wirkte vor allem entschlossen. Womöglich nicht nur zum Frühstücken?

Lilly kam nicht herein, sie trat auf. Sah mich in der Veranda „Hier?" fragte sie. Kein Kuss zur Begrüßung. „Hätte ich nie von dir gedacht." Ich begriff gar nichts, außer dass Lilly mit den schärfsten Girls konkurrieren konnte.

„Das Frühstück hier gilt als ausgezeichnet", rechtfertigte ich den Treffpunkt.

„Hast du etwa ein Zimmer gemietet?"

„Wozu? Man kann hier ohne Zimmer frühstücken."

Lilly schien abzuschätzen, was mein Hinweis bedeuten könnte. „Du Ferkel", sagte sie schließlich.

Ich fühlte mich nicht angesprochen.

„Gefummel unterm Tisch oder wie?"

Was hatte sie? „Du könntest den Obstsalat probieren", riet ich.

„Geil." Lilly ging um das Buffet herum. Grazie pur. Löffelte sich Obstsalat in ein Schälchen und sprach: „Ich nehme an, du hast da ein Aphrodisiakum reingestreut?"

Anstatt etwas zu verstehen, verliebte ich mich in sie. „Darf ich raten?" Mir lagen die schwülsten Komplimente auf der Zunge. „Eben am Hoteleingang, dein Spiegelbild, es hat dir etwas sehr, sehr Hübsches gesagt. Stimmt's?"

Lilly lächelte hinreißend und ließ ihre Stimme leiern. „Außer Schneewittchen ist Lilly die Schönste auf der Welt." Sie hob die Schultern, links etwas mehr als rechts, zum Verrücktwerden. „Die übliche Scheiße", sagte sie, „die man von Spiegeln hören will." Sie sprach das Wort *Scheiße* in der teilnahmslosen Art einer globalisierten Großstädterin. Für mich klang es wie ein Song, *Simon and Garfunkel*.

Wir frühstückten, plauderten. „In Lummenau hat die Zeit noch Zeit", gab ich ohne Grund zu bedenken." Damals sah ich oft 3Sat.

Lilly vermutete eine Koketterie. „Verstehe", sagte sie. „Frühstückspielen. Vor dem Ernstfall etwas Talkshow." Auf den Obstsalat genehmigte sie sich Käse. „Wirst du mir jetzt sagen, wie es weitergeht?"

„Du kannst so oft zum Buffet gehen wie du magst."

Lilly warf mir einen festen Blick ins Gesicht. „Ich habe keinen Hunger." Sie schubste den Käseteller zur Seite. Welch eine Geste, welch eine Lilly! „Was ist nun mit frühstücken und so?"

„Magst du den Käse nicht?"

„Schluss jetzt! Du selbst hattest es damals behauptet, die Rike und du, ihr würdet zum Frühstück… Verdammt noch mal, *wie* ihr es gemacht habt, will ich wissen."

Ich spulte meine Erinnerungen rückwärts. „Warum?"

„Weil ich eine Eignungsprüfung ablegen und dafür eine Arbeit schreiben muss."

„Schreiben?" Das interessierte mich. „Worüber wirst du etwas schreiben?"

„Das von mir vorgeschlagene Thema heißt *Ich entreiße einem beginnenden Mann ein Geheimnis.*" Bei meiner Fachhochschule fanden sie es erst etwas geschwollen, dann mochten sie es.

„Beginnender Mann? Klingt interessant. Wer soll das sein?"

„Na *du* natürlich."

„Ich?" Für Sekunden schwamm ich in einem Angerteich voller Glückseligkeit. Dann überwog Misstrauen. „Was für ein Geheimnis?" Noch während ich fragte, fiel es mir endlich ein: Eine Fahrt im Bus. Lilly neben mir, sie unschuldig, ich unschuldig. „Ach, *das* meinst du!"

„Sag schon. Wie habt ihr es gemacht?"

„Ähh Lilly…", log ich. „Ein Missverständnis. Vergiss es. Wir haben weder dabei noch danach gefrühstückt."

„Sondern?"

„Sondern anstatt."

„Scheiße."

Erstaunlich, wie ein Wort den Sinn einer Handlung, den Belang einer Situation verdrehen kann. Von *Scheiße* an gab es nur noch ein entschleunigtes Frühstück. Lilly schien enttäuscht. Die Situation drohte mir zu entgleiten. „Was für eine Prüfung machst du da?"

Lilly war noch nicht bereit aufzugeben. „Hättet ihr nicht etwas halbwegs Unanständiges machen können, irgendeine kindische Sauerei?"

„Was hast du überhaupt vor?" bestand ich auf meiner Frage. „Beruflich, meine ich?"

„Was alle machen."

„Und was machen alle?"

„IMM."

Ich verstand schon wieder nicht.

Lilly sprang auf. „I-M-M. *Irgendwas Mit Medien.*"

„Doch nicht Porno?" fragte ich allzu väterlich.

Weg war sie.

Und ich ein Idiot.

Lilly. An diesem Tag ernannte ich sie zu meinem Traum. Rike dachte ich mir zuständig für die Erfüllung. Noch war mir nicht bewusst, wie diese Paarung mein Leben vervollkommnen würde. Nicht jedem Zwanzigjährigen ist die Einsicht gegönnt, dass Traum und Erfüllung eineiige Zwillinge sind: Traum ist oft wie Erfüllung. Und Erfüllung kann ein Traum sein.

Demografie und Perspektiven

Wenn ich an die Angerstraße denke, sehe ich Sommer, sehe Menschenleere, Verträumtheit, Blüten, unsterbliches Fachwerk. Gelegentlich ein ungehütetes Schaf, Schweine auf dem Weg zum Angerteich. Rechts und links Bäume, die zu schlafen vorgeben, während sie versprengte Autofahrer am Parken hindern.

Und Dunst sehe ich, Dunst im Gegenlicht, immer diesen zarten Dunst.

Vielleicht war es auch Staub.

Wie der, den ein bis übers Dach bepackter Kombi aufwirbelte, mit dem meine vier Elternteile, Vater und seine Frauen, das Dorf verließen. Für immer. Unser Bürgermeister nannte es den *Demografischen Wandel*.

Dieser Wandel, der nicht nur die Demografie betraf, wirkte augenfällig. Die Alten wurden älter, die Kinder seltener. Während die Einwohner abwanderten, kamen die Schulden. Lummenau nahm eine globale Entwicklung vorweg. Um Kredite zu bezahlen, nahm man Kredite auf. Eine Idee, die von namhaften Zentralbanken durch niedrige Zinsen gefördert und mit einem amtlich beteuerten Wunder namens Wachstum begründet wurde. In Lummenau belustigte man sich über den Weltuntergang. Der

Apotheker prophezeite ihn, falls kein Wachstum stattfände, der Pfarrer für den Fall permanenten Wachstums. Und wie ein Bundeskanzler vor Jahrzehnten überzeugt war *Kinder kriegen die Leute immer*, dachte man fortschrittlicher: *Geld kriegt der Staat immer*. Wachstum pervers.

Was fehlte, auch jenseits von Lummenau, waren nicht Gelder, sondern Perspektiven. Das beteuerten Politiker, sobald man sie auf einem Bildschirm talken ließ. Perspektiven? Der Zusammenhang mit Geld schien unübersehbar. Es musste eine Zeit gegeben haben, in der die Leute noch beides hatten. Geld und Perspektiven. Heute hatten und brauchten sie beides nicht. Statt Geld gab es Schulden, statt Perspektiven das Internet. Geld, das weiß jeder, ist das Gegenteil von Schulden. Dass Perspektive das Gegenteil von Internet ist, würde sich finden. Man darf fragen, warum noch keine Enquetekommission mit diesen Zusammenhängen befasst wurde.

BEGONNEN ÜBRIGENS hatte der demografische Wandel in Lummenau damit, dass meine Mütter keine Stricknadeln mehr kaufen konnten. Die gab es seit Menschengedenken im Laden der Geschwister Lamm. Nun sahen neue ökonomische Einsichten vor, Dorfbewohner hätten Stricknadeln und was man sonst so braucht *Online* zu kaufen. Die Lamms, zu mittellos für eine ertragreiche Insolvenz, beklebten daraufhin ihre nutzlos gewordene

Schaufensterscheibe mit Packpapier, auf das sie *Willkommen im aufstrebenden Lummenau* geschrieben hatten. Danach verkauften die Lamms nichts mehr. Sie lebten nur noch.

Eine lausige Perspektive. Meinem Vater genügte sie nicht. Er hatte nach *seiner* Perspektive gesucht, bei einer Fortbildung für Schmiede. Dort wurde er mit der Handhabung von Mäusen, Computern und dem Internet vertraut gemacht. Ehrlich, er hat sich viel Mühe gegeben. Anschließend war er in der Lage, flott zu surfen und mit der Maus zu klicken. Hätte er nur gewollt, wäre er Verfasser einer Doktorarbeit, notfalls Minister geworden.

Doch mein Vater wollte nicht sein wie alle, er zog eine radikalere Lösung vor und verließ mit meinen Müttern das Dorf. Vater hatte einen Job gefunden. In Übersee, wo es erstens noch Pferde gab und zweitens Perspektiven. Das Angebot mitzufahren habe ich naheliegender Weise abgelehnt. Als Schreiber wollte ich im Geltungsbereich meiner Muttersprache bleiben. Es gab Tränen und Verständnis, mein Vater reagierte mit Pragmatismus: Früher hätten die Kinder nach der Aufzucht das Nest verlassen. Heute müssten die Eltern nach einer angemessenen Weiterverwendung suchen.

Als Startkapital vermachten sie mir das Tempelhaus. Sie konnten es ohnehin nicht mitnehmen oder veräußern. Gebäude in Lummenau ließen sich – mithilfe von verschwiegenen Nachbarn und Brandbeschleunigern – allenfalls an die Feuerversicherung verkaufen.

Schreiben als ältestes Gewerbe

Noch war ich als Schreiber nur Autodidakt. Mit ersten Aufträgen. Weil sich niemand sonst bereitfand, schrieb ich ein Gedicht, das die Tochter des Großbauern Alvermann zu dessen Namenstag aufsagte. Auch verfasste ich den Text für eine Tafel, die Spaziergänger ersuchte, während der Verlegung des Breitbandkabels die gegenüberliegende Straßenseite zu begehen. Nebenher lernte ich die Bedeutung von Diskretion in meinem Job kennen:

Ich hatte die Liebe eines in der Gegend bekannten Cousins zu seiner Cousine in Wörter der Leidenschaft gegossen. Wilder Leidenschaft. Bei Sonnenuntergang erschien besagte Cousine, dazu extrem knapp und körpernah bekleidet, vor meiner Tempelhaustür. Sie hatte die Quelle des ihr zugegangenen Ausbruchs verbaler Wollust irgendwie durchschaut. Jetzt verlangte sie Genugtuung.

Wir einigten uns auf einen Quickie.

Binnen Jahresfrist hatte sich mein durchschnittlicher Schreiberlohn vervielfacht. Von hoffnungsvollen 0,28 auf hoffnungslose 1,79 Euro je Tag. Ich ernährte mich von dem, was mir vier Elternteile hinterlassen hatten, lebte bürgerlich, also schlecht. Um täglich satt zu werden, musste ich auf Erfahrungen in der Landwirtschaft zurückgreifen, meine natürliche Begabung im Umgang mit Melkmaschinen, Mistgabeln und Erntehelferinnen. Zum Glück ließ sich Schreibtalent auch landwirtschaftlich nutzen. Beispielsweise beim Ausfüllen von Antragsformularen für die Erlangung staatlicher Fördergelder.

Aber das waren keine Aufgaben für Schreiber wie mich. So ging es nicht weiter. Ich brauchte Hilfe.

ES GIBT INSTITUTE, in denen Männer ohne Krawatten, jedoch mit Strickjacken, Baumwollhemden und auch sonst wie Schriftsteller bekleidet, *Erfolg durch Schreiben* versprechen. Gelegentlich handelt es sich um Frauen, um schmale Frauen mit schmalen Brillengläsern und ebensolchen Brüsten. Hier wie dort sind die Honorarforderungen erheblich. Ich entschied mich für das preiswerteste Angebot: Eine *Probestunde zum Schnupperpreis* bei Paul Odin, 57, Germanist. Geschnuppert werden sollte im Klassenzimmer der 4b an der Grundschule Lummenau.

Freitag kurz vor 19 Uhr. In der 4b wartete, von mir einmal abgesehen, niemand. Der Dozent kam pünktlich. Kein Baumwollhemd nicht einmal Jeans, weder Brille noch Vollbart, stattdessen schwarzer Pullover und lässiger Sonntagsanzug. Ein Germanist eben, kein Schreiber. Er setzte sich dorthin, wo in Klassenzimmern die Lehrer sitzen, cremte sein Gesicht mit Optimismus und schlug vor, noch eine Viertelstunde zu warten, andere kämen bestimmt noch. Inzwischen könne ich mich ja auf die Probestunde vorbereiten. Maximal 100 Zeilen seien zu verfassen, er wolle sich ein Bild von der Kreativität und dem Wortschatz der Teilnehmer machen. Ich nickte verunsichert. „Jetzt stellen Sie sich bitte vor", wurde er feierlich. „Ein Vorzeitmensch vor etwa vierzigtausend Jahren, er hockt in der Höhle inmitten seiner Sippe. Man hat tagsüber vergebens gejagt, ist vor Hunger von Sinnen, in der Höhle hängen Eiszapfen, keiner hat mehr die Kraft, ein Feuer in Gang zu bringen." Hier warf mir der Dozent einen Blick sowie einen wenig gebrauchten Schreibblock zu. „Versuchen Sie bitte zu beschreiben, was und wie dieser Vorzeitmensch über den Sinn des Lebens denkt." Ich erhielt leihweise einen Bleistift. „Ganz wichtig", ergänzte der Dozent, „vermeiden Sie das Wort *machen*. Niemand muss sich Gedanken *machen*, man könnte mit ihnen spielen oder in ihnen umherirren. Lassen Sie sich etwas einfallen. Jedenfalls möchte ich kein *machen* lesen müssen."

Dann wurde es still. Der Dozent wartete, ich machte, nein natürlich *machte* ich nicht, ich *begab* mich an die Arbeit. Eine halbe Stunde später, wir waren noch zu zweit, äußerte der Dozent den interessanten Vorschlag, ausnahmsweise eine weitere Viertelstunde abzuwarten. Eine halbe Stunde später, ich war mit meinem Text fertig, gab er auf. Die beschriebenen Blätter durfte ich abgeben. Er las und behielt sie. Nie würde die Öffentlichkeit erfahren, wie Vorzeitmenschen über den Sinn des Lebens dachten, hätte es mich nicht irgendwann gejuckt, den anlässlich einer literarischen Schnupperstunde verfassten Text, sehr frei nach Gedächtnis, in meinem Blog zu überliefern:

Sinnkrise, anno 43 900 v. Chr.
Der Anführer der Sippe überraschte sich selbst. Und zwar mit dem Gedanken, das Leben könne nicht allein mit Fleisch und Beeren, mit Jagen und Sammeln erklärbar sein. Was aber sonst? Um sich von der beißenden Kälte abzulenken und weil es damals so üblich war, begattete er eine der zähneklappernd herumliegenden Frauen. Dabei, im flüchtigen Moment der Befriedigung dachte er als allererster Mensch: „SOLL DAS ALLES GEWESEN SEIN?" Beeindruckt von seinem Erstgedanken, überfiel ihn das Glück des Schlafs. Ein Traum zeigte ihm Bilder, er sah in eine andere Höhle. Faltenlose Wände, kein Gefels. Ein Mensch, womöglich eine Frau, ihr Gesicht schien bunt bemalt. Sie war nicht mit Fell verhüllt, dennoch nicht nackt. Obwohl kein Feuer flackerte, schien es in der Höhle warm zu sein. Die Frau sprach mit etwas handlich Schwarzem, das sie an ihr Ohr hielt. Würden Männer mit den Jahrtausenden derart verkümmern? Der Träumer schreckte auf. In die Höhlenwand, die bereits mit Zeichnungen von Tieren und Jagdszenen bedeckt war, meißelte er nach Art der Analphabeten ein „X". Höhlenforscher rätseln darüber bis heute. Woher sollten sie auch wissen, dass es sich um den Sinn des Lebens handelt?

Aus dem Schreibkursus wurde dann nichts. Mir blieb, was Minderbemittelten zu tun bleibt: Ich blieb Autodidakt. Und nahm zur Kenntnis: Wer die Kunst des

Schreibens kostengünstig erlernen möchte, dem wird geraten, erst einmal viel zu lesen.

ICH GEBE ZU, dass ich mir, damals auf dem Baumhaus und im Verein mit der Rike und nachdem wir genug Hochzeit gespielt hatten, eine eigenwillige Art des Konsums von Büchern angewöhnt habe. Wir lasen uns nicht das Buch gegenseitig vor, sondern jeweils einen Satz. Ich einen aus dem ersten Absatz im Buch, Rike einen aus dem letzten. Anschließend ertüchtigten wir unsere Fantasie. Es ging darum, einen passenden Inhalt, eine Geschichte zu erfinden, die den Raum zwischen den beiden Sätzen schlüssig ausfüllte. So erschlossen wir uns eine, wenn auch hausbackene, Vorstellung von den Möglichkeiten eines Romanautors.

Ich erinnere mich in diesem Zusammenhang an John Irvings *Wilde Geschichte vom Wassertrinker*. Aus dem ersten Absatz las ich vor: *Wie könnte es anders sein: Der beste Urologe in New York ist ein Franzose*. Rike antwortete mit einem Satz vom Schluss: *In der Küche war es viel zu hektisch, als dass man in Ruhe hätte nachdenken können, überall standen Körper herum*. Das Verbindende zwischen einem französischen Urologen und den in einer Küche herumstehenden Körpern zu finden, war nicht einfach. Sollte es ja auch nicht. Wir entschieden uns am Ende für die Gedankenfolge *Frankreich/Küche*. So entstand ein Kochbuch aus Irvings

Roman, über den *Le Point* übrigens rezensierte: „Der kleine Däumling im Laboratorium Frankensteins oder Hänsel und Gretel als Geiseln des Marquis de Sade sind nichts dagegen." Immerhin. Die Übung versetzte uns in den beglückenden Terror, kreativ sein zu müssen, bereitete uns auf das Leben unter Erwachsenen vor und ersparte jedenfalls lange Leserei.

Jetzt, ein Jahrzehnt später, erinnerte ich mich an unsere literarischen Baumhausstudien. Ich versuchte, daran anzuknüpfen: naheliegend mit Jean-Paul Sartres *Die Wörter*. Dieses Werk ist autobiografisch und übersichtlich in die Kapitel *Lesen* und *Schreiben* gegliedert, genauso wünschte ich mir den Verlauf meiner Karriere und beschloss, das im Baumhaus eingeübte Verfahren auf Sartres „Wörter" anzuwenden. Dort hieß es im ersten Satz: *Um das Jahr 1850 ließ sich im Elsass ein Lehrer… dazu herab, Krämer zu werden.* Ich blätterte weiter, viel weiter. Im allerletzten Absatz des Buches fand ich das Bekenntnis: *Nie hielt ich mich für den glücklichen Besitzer eines „Talents": mein einziges Bestreben ging dahin, mich, der nichts in den Händen und in den Taschen hatte, durch Arbeit und Glauben zu retten.* Ein Aufstieg vom Geisteswissenschaftler zum Millionär, gefolgt von einem Abstieg zu Arbeit und Glauben? Ich ließ mich nicht von Sartre entmutigen. Stattdessen bastelte ich einen Protagonisten, der unter Umgehung von Arbeit und Geisteswissenschaft durch Glauben zum Millionär aufsteigt. Er erkennt, dass nicht nur Faulheit, Sex, Desinteresse und das Internet die Menschen vom Schreiben abhalten. Vielmehr werden Konsum, Produktion und Niederschrift von Gedanken als lästig bis unmenschlich empfunden. Mein Protagonist folgerte, dass der Erfolg eines Schreibers nicht auf Talent, sondern auf seiner Willfährigkeit beruhe, anderen diese Last zu nehmen. Bald sollte ich mir diese Erfahrung zu eigen machen.

Einerseits fühlte ich mich zwar auf gutem Weg. Andererseits verlief das Geschäft mit der Schreiberei weiterhin enttäuschend. Bald würde ich daran denken müssen, die beabsichtigte Karriere aufzugeben. Einen letzten Versuch billigte ich mir zu. Ich reservierte den Dienstag für die Akquisition neuer Kunden.

An so einem Dienstag geriet ich in einem Hochhaus gegenüber der Eisdiele (neben dem Aurorabrunnen im Zentrum von Horxum) in ein renovierungshungriges Vorzimmer. Es roch nach Geld – so extrem wurde hier gespart. Aber Erfolg braucht keine frischen Tapeten, nur Computer. Ich erkundigte mich nach Aufträgen. Die anwesende Dame trug ein mausgraues Strickkleid und wiegelte ab: Es sei kein Bedarf da. Glaube sie. Die Firma würde nicht schreiben, sondern Unterwäsche fertigen, das heißt, eigentlich nicht fertigen, sondern liefern. Schließlich sei das Unternehmen ein virtuelles. Ich hatte von virtuellen Unternehmen gehört, Netzwerken auf

Zeit. Geknüpft aus Agenturen, Konstruktionsbüros, Zulieferern, freien Mitarbeitern, Teams von Spezialisten, die sich oft nicht persönlich kannten. Virtuelle Unternehmen gediehen gern auch mal weit weg. Damit nicht auffiel, unter welchen Bedingungen sie Menschen beschäftigten, die einmal Frauen oder Männer hätten werden können.

Es gebe keine Räumlichkeiten, versicherte die anwesende Dame, außer diesem Vorzimmer und, gleich nebenan, dem Büro vom Chef. Keine Lagerhäuser und keine Fabriken, erst recht keine Beschäftigten. Nur sie arbeite hier, sie sei die Praktikantin. Genaueres wisse sie nicht. Durfte sie wohl auch nicht. Ihre Brillengläser waren zu feist, sie selber zu weit jenseits der Zwanzig, um im Berufsleben noch Ansprüche stellen zu können.

Über der Bank am winzigen Fenster war *Besucher* in Emaille angeschraubt. Ich fühlte mich berechtigt, setzte mich und beobachtete die Praktikantin beim Praktizieren.

Überraschend, wenn auch erwartet, erschien der Unternehmer. Ich staunte nicht schlecht. Gesetzt den Fall, das Unternehmen hätte Klebstoff angeboten, stand ich soeben vor Herrn Uhu. Ein weltbekannter Industrieller, weshalb ich ihn hier nicht beim Namen, sondern einfach Milliardär nenne. Auf seinem Gesicht lag abgestandene Milde wie bei Rockefeller auf alten Schwarzweißfotos. Milliardäre, hatte schon mein Vater durchschaut, sind immer und überall Milliardäre, selbst beim Duschen.

Was ich hier zu suchen hätte, fragte er.

„Ich würde gern für Sie arbeiten."

„Gern?"

„Ich bin Schreiber."

„Etwa Journalist?"

„Ich schreibe alles."

„Alles?" In seinen Augen glimmte teuflisches Feuer. „Kommen Sie mit."

Der Milliardär drängte mich nach nebenan. Sein Büro war vergleichsweise luxuriös, original Ikea, die Vorhänge blauweiß kariert wie Omas Bettwäsche. Für Luxus haben Milliardäre einen eher abstrakten Sinn. „Ich biete Ihnen eine Praktikantenstelle", sagte er, „für einen Tag." Es folgten Hintergründe und Details: „Mein bester Kunde, er ist Großhändler, der größte Großhändler Europas. Pünktlicher Zahler, zieht Currywurst der Einladung in teure Restaurants vor. Ein Unglück nur, er hat in Kürze Geburtstag. Ich muss ihm ein paar nette Wörter schreiben." Er sah mich durchdringend an. „*Sie* werden ihm ein paar nette Wörter schreiben." Das Telefon läutete, es wurde über Milliardärsprobleme gesprochen, Parteispenden und so. Endlich legte er auf. „Warum stehen Sie hier noch rum?" fuhr er mich an. Kein Zweifel, ich war wirklich Praktikant. „Legen Sie endlich los", befahl er.

Ich legte.

Die Praktikantin durfte, sie *musste* zuschauen. Lernen sollte sie gefälligst, wie Geburtstagswünsche qualitativ hochwertig formuliert werden.

Am Nachmittag zeigte ich meinen Entwurf vor. Ich hatte, vereinfacht, den größten Großhändler verbal derart vergrößert, dass es ihm leichtfallen musste, sich in den Glückwünschen wiederzuerkennen. Mein Milliardär las es und war... erleichtert. Für Momente vergaß er seine finanzielle Überlegenheit. Dankbar bis menschlich schaute er mich an. Dass ein Nicht-Milliardär, ein Niemand und Praktikant, über Fähigkeiten verfügen könnte, die normalen Milliardären abgehen, war ihm nicht etwa peinlich. Milliardäre empfinden – unter anderem – keine Peinlichkeit. „Brauchbare Arbeit", sagte er nur und öffnete einen Safe. „Ich werde ihren Lohn aufbessern." Er warf mir eine in Plastikfolie geschweißte Unterhose zu. „Aus der Kollektion für die nächste Saison. Dürfen Sie behalten."

Damit wandte er sich wieder den ihm vertrauten Milliarden zu. Ich aber hatte begriffen, Schreiber sind Erlöser, Befriediger, sie sind nicht einfach Anbieter von Wörtern, sondern Beglücker selbst steinreicher Kunden. Was für eine Dienstleistung!

Ein einfacher Milliardär hatte mir die Augen geöffnet: Schreiber wandelten auf den Spuren des ältesten Gewerbes der Welt.

Mein Unternehmen nannte ich von da an bündig ein *Schreibbordell.*

Geschäftsmodell

Wenn ich meinen Weg zum Schreiber so detailliert schildere, dann nicht, um mit einer steilen Karriere aufzutrumpfen. Vielmehr soll glaubhaft gemacht werden, wie das Schreiben in einer dörflichen Parallelgesellschaft und die Unberührtheit der Brüste einer sechzehnjährigen Rike schrittweise zu Feuersbrünsten und gesellschaftspolitischen Verwerfungen führen können.

WERDEN DIE in den Gassen eines Subkontinents formulierten Eingaben von Behörden zustimmend beschieden, die vorgefertigten Glückwünsche tatsächlich gelesen oder schriftliche Liebesschwüre mit Zuneigung heimgezahlt, dann kommt es zur Mundpropaganda. Dienliche Schreiber, die mit Erfolgen gefallen, werden weiter empfohlen. Auf einem Subkontinent mag das reichen. Für Lummenau musste in anderen Ausmaßen gedacht werden.

Es gehört zu meinen schlechten Angewohnheiten, darüber nachzudenken, ob es Sinn hat, was ich da gerade mache. Am Ende führte mich diese Angewohnheit zum adäquaten Geschäftsmodell. Ich begann mit einem

Check der Ist-Situation. Allesschreiber war ich. An Spezialisierung – wie sie neuerdings auch unter Schreibern reüssierte – hatte ich nie gedacht. Sechs Aufträge in zehn Monaten, ein Sammelsurium: Ich schrieb einem Amateurkoch sein Rezept zu einem Sushi-Auflauf, der Schriftführerin des Verbands Südbadischer Bordellbesitzer ein Grußwort zum Bundekongress, dem Vorstand des Gemeinderates eine Parole zu seiner Wiederwahl. Der Bürgermeister von Krättlingen, durch die plötzliche Eloquenz der Funktionsträger in der Region aufgeschreckt, ließ bei mir seine Demission verfassen. Ich schrieb alles, von Konzentration aufs Kerngeschäft, wie das Manager zeitgemäß nennen, keine Spur. Als Blogger habe ich, es war Weihnachten, ins Netz notiert, was mich endlich zum Spezialisten formte:

Ein Saal. Irgendetwas wird gefeiert. Leute, soweit die Stühle reichten, ich dazwischen. Oben Kristalllüster, unten scharrende Füße. Hinten die Pressechefin. Vorn ein Mikrofon, ein Mann mit randloser Brille, ein Pult. Aus Richtung des Pults strömt ein unregelmäßiges Geräusch: Die Rede. Mir fällt auf, dass ich mich auf gleiche Weise beschäftige wie alle im Saal – an die vergangene Nacht denken, die Glühlampen an der Saaldecke zählen, nicht niesen, zur Uhr schauen. Plötzlich, ich neige zu Plötzlichkeit, überfällt es mich, ein bekanntes Experiment zu wiederholen. Ich applaudiere. Die Menschen ringsum, einige wachen auf, sehen sich nach mir um, machen mit. Erst einer, dann wenige. Alle. Ein Auditorium ist etwas Lebendes. Es fühlt mit, atmet auf, applaudiert. Der Redner verbeugt sich, er fühlt sich geschmeichelt, lächelt. Dem Applaus folgt Ernüchterung, denn der Redner setzt seine Ausführungen fort. Gefühlte Ewigkeit. Ich erweitere das Experiment, stup-

se den Menschen neben mir an, flüstere. „Hören Sie auch nicht zu?".
Er hat nicht verstanden. „Hören Sie auch nicht zu?" frage ich laut. Der
Mann grinst, dann muss er lachen. Alles Folgende wie beim Applaus:
Andere lachen mit, erst einer, dann wenige. Alle. Niemand will sich
dem Verdacht aussetzen, eine Pointe verschlafen zu haben. Der
Redner glaubt an Logik. Er hat gerade Regierung gesagt. Also wie-
derholt er „Regierung". Verstärktes Gelächter. Die Stimmung würde
einen Höhepunkt erreichen. Nur leider, die Rede ist noch nicht zu En-
de. Das Redemanuskript übernimmt wieder die Regie. Der Redner
gehorcht, er spricht weiter... weiter... weiter.

Reden? Spezialisierung? Redenschreiber? In der Antike war Redekunst die Kunst der *politischen* Rede. Es gab Demagogen (griechisch δ□μος □γειν, „das Volk führen"). Richtige Kerle, die politische Entscheidungen herbeiredeten. Cato, unvergessen, der seine Reden mit *ceterum censeo karthaginem esse delendam* beendete („Im übrigen meine ich, dass Karthago zerstört werden muss" — was später tatsächlich geschah). Und Cicero, der, wie es heißt ohne gesellschaftlichen Hintergrund, allein seiner rhetorischen Begabung wegen zu Ämtern gelangte. Solche Redner, es gibt sie noch, brauchten mich nicht.

Welche Chancen also hatte *ich*, wie war der Markt?

Die Konkurrenz soll ja groß sein. Das Angebot an Schreibern, die sich um das Gerede anderer Leute verdient machen wollen, ist enorm. Ab 99 € aufwärts werden Reden geschrieben. Flott, strukturiert, kreativ, unvergesslich. So wird das im Internet angeboten. Ich aber ging methodisch vor.

Auf weißem Papier notierte ich:

Erstens, Zielgruppe. Jedem wird heute irgendwann zugemutet zu reden. Vor kichernden Familienmitgliedern, im Kreis von Kollegen, auf einem Vorstandsmeeting, beim Klassentreffen vor früheren Kindern. Meine Zielgruppe, das sind explizit diese Gelegenheitsredner, eigentlich Stümper, Menschen wie du und ich.
Zweitens, Rationalisierung. Da es mehr Redner gibt als Fakten und Floskeln, werde ich Letztere sparsam einsetzen. Ich muss einen Plan entwickeln, nicht nur Textbausteine, sondern komplette Reden als individuelle, verlässlich einsetzbare Manuskripte mehrfach zu verkaufen.
Drittens, Methodik. Eine gute Rede ist zugleich, ein Ein-Personen-Stück. Der Redner ist ein *Actor*, wenn nicht *Terminator*. Es geht um die Art und Weise

_wie ein Satz nicht vollendet wird,
_wie der Redner mit Identitäten spielt,
_wie er an anderes zu denken scheint als er sagt,
_wie er sich unerwartet durch Pausen unterbricht,
_wie der Redner sein Thema in scheinbar zusammenhanglose Sätze aufspaltet, um irgendwann schlagartig zu bekennen, was er eigentlich sagen wollte.

Fraglos ein Geschäftsmodell, an dem auch Cicero seine Freude gehabt hätte.

Auch befasste ich mich mit der Theorie der Redekunst. Dabei stieß ich auf Überlegungen des Heinrich von Kleist, die sogar Cicero, hätte er nur später gelebt, verblüfft hätten. Kleist schrieb *Über die allmähliche Verfertigung der Gedanken beim Reden*: „Wenn du etwas wissen willst und es durch Meditation nicht finden kannst, so rate ich dir, mein lieber, sinnreicher Freund, mit dem nächsten Bekannten, der dir aufstößt, darüber zu sprechen... Ein Blick, der uns einen halb ausgedrückten Gedanken schon als begriffen ankündigt, schenkt uns oft den Ausdruck für die andere Hälfte desselben. Ich glaube, dass mancher große Redner, in dem Augenblick, da er den Mund aufmachte, noch nicht wußte, was er sagen würde. Aber die Überzeugung, daß er die ihm nötige Gedankenfülle schon aus den Umständen, und der daraus resultierenden Erregung seines Gemüts schöpfen würde, machte ihn dreist genug, den Anfang, auf gutes Glück hin, zu setzen."

Bei den meisten Reden kommt es nicht darauf an, *was* geredet wird, sondern *dass* geredet wird. Man trifft sich: ein Jubiläum, der erste Zahn des Stammhalters, eine Vernissage bei der malenden Nachbarin, ein Museum wird geschlossen, eine Kleintierausstellung eröffnet – man kann da nicht nur die Gläser erheben und drauflos trinken. Vor dem Rausch soll es festlich zugehen. Und obwohl mehrere Möglichkeiten bestehen, läuft es immer nur auf eine hinaus: die Rede. Weil sie üblich, konkurrenzlos billig ist und Würde verstreut wie eine brennende Kerze.

Um die Basis meines Geschäftsmodells ständig vor Augen zu haben, nagelte ich ein Schild über meinen Arbeitsplatz:

DER ERFOLG EINER REDE
HAT ÜBERRASCHEND WENIG MIT IHREM
INHALT ZU TUN.

Ich lernte, Rednern, die sich gern fortschrittlich gaben, Krisen in ihr Manuskript zu schreiben. Krisen von der Machart *Wir werden gestählt daraus hervorgehen.* Konservative Klienten bediente ich mit Visionen, beispielsweise von Banken, die sich mit der Politik gemein machen. Ältere Zuhörer nickten dann mit den Köpfen, applaudierten: So sei es recht, die ewigen Werte.

Eine von mir favorisierte Methode, an unverbrauchte Redensarten zu gelangen, bestand darin, Anregungen bei Frau Leipold, der aufgeweckten Greisin und Dichterin zu holen Wie andere alte Damen sagte Frau Leipold gelegentlich Sätze, deren Tiefsinn tief genug war, um ihren Sinn zu verhüllen. Dabei bevorzugte sie Sprüche, die mit Vergangenheit, Gegenwart und Zukunft spielten. Beispiele: *Alles passiert irgendwann zum ersten oder zum letzten Mal. Wenn beides gleichzeitig eintrifft, dann haben wir es mit Ge-*

genwart zu tun. Die Gegenwart aber ist der Zukunft ihre Vergangenheit. Oder: *Unser Leben nutzt sich dadurch ab, dass es vorübergeht.* Oder gar: *Das Leben ist so kompliziert, dass es schwierig ist, eine Meinung dazu zu haben.* Solche Sätze gewinnen in der bedächtig vorgelesenen Rede des – sagen wir mal – Verbandsvorsitzers eine philosophische Qualität. Auch die *Verlotterung der Sitten, die von Akademikern ‚Sozialisation'* *genannt wird* kommt, gleich bei welcher Partei, gut an. Über Ärzte, die sie reichlich aufsuchte, urteilte Frau Leipold: *Die versauen einem nur das geregelte Sterben.* Auf dem Internisten-Kongress zitiert, erspart das Journalisten die Grübelei nach einem ersten Satz.

Später würde ich auch lernen müssen, dass sich die Dienste des Redenschreibers nicht auf das Verfassen von Reden beschränkten. Darüber berichtete ich als Blogger:

Ein Mann, Philologe und Berufsintellektueller, hatte es trotzdem zu Ansehen gebracht. Kein Kongress von Belang, kein Wirtschaftsforum, kein Tag des Baumes ohne diesen Mann am Rednerpult. Selbst die UNO schmückte sich gern mit seinen Redensarten. Dem Mann wären Orden, Ehren und steigende Honorare zuteil geworden, hätte er nicht eines Tages seine Reden in Buchform veröffentlicht. Welche Enttäuschung. Die Rezensenten waren entsetzt, sie lasen Einfältigkeit aus den Reden und Umstandskrämerei beim Satzbau. Unfair. Denn Reden sind nicht zum Schreiben da. Der Schreiber hätte – dank seiner Einsicht in derart subtile Zusammenhänge – die Buchveröffentlichung unterbinden müssen. Redenschreiber sind nicht nur Ghostwriter, sondern auch Seelsorger und Manager ihrer Klienten...

In einem weiteren Blog sagte ich voraus:

Eines Tages werden die Computer dem Menschen die unge-
liebte Aufgabe, gelegentlich schreiben zu müssen, ganz und
gar abgenommen haben. Was man von Google wissen will,
welches Programm der Fernseher abspulen, was für ein Kleid
gekauft werden soll, man sagt es einfach. Schrift, Schreiben,
Tippen sind nicht mehr erforderlich, es lebe die Sprachsteue-
rung. Einzig Redenschreiber wie ich werden das Kulturgut
Schrift bewahren. Denn zum Ablesen von Redemanuskripten
bleibt Schrift unersetzlich.

Mit der Zeit kam der Erfolg der Schreibstube/-bordell. War es die Cleverness meines Geschäftsmodells? Zugegeben, ich wollte den Analphabetismus auf höchstem Niveau bekämpfen.

WAS ÜBRIGENS die Sprachsteuerung, also die *Übermittlung von Befehlen an technische Geräte per Stimme* betrifft: Jene Fernsehapparate, die aufs Wort gehorchend zum gewünschten Programm wechseln, eröffnen den Geheimdiensten neue Betätigungsfelder. Denn das dafür im TV-Gerät eingebaute Mikrofon, so soll ein durchreisender Spion nach dem Genuss von Pflaumenschnaps im Lummenauer Dorfkrug ausgeplaudert haben, sei via Internet mit seiner Dienststelle verbunden. Er persönlich sei beispielsweise dafür verantwortlich, abgehörte Lustschreie von Zuschauerinnen – zusammen mit den SEPA-Daten der Betreffenden – abzuspeichern.

Aufstieg zum Niedergang

Lummenau sicherte mir ein reichlich bestelltes Feld für Recherchen. Gelegentlich setzte ich mich zu den Senioren auf die Dorflindenbank – eine vordringlich männliche Veranstaltung. Landwirte, auch protestantische, die auf die Öffnung des Dorfkrugs warteten, dazu abwechselnde Prominenz. Der Politologe Meyer-Falkenstein, der Gärtner vom Halbschloss, der pensionierte Sparkassendirektor Karl („Kalle") Klapp, gelegentlich Strunz, der Deutschlehrer, und – noch seltener – Frau Leipold. Heinz Strabanger, Heini, der militante Leser des Wirtschaftsteils im Kreisblatt, führte fast immer das Wort. „Die Menschheit", hörte ich ihn heute dozieren, „könnte sich die Leidenswege zum Fortschritt sparen." Wie nebenbei entwickelte er die Idee, Lummenau als Testgebiet für Spielarten des Weltuntergangs und seiner Mäßigung zu nutzen. „Hätte unsere Kreissparkasse die Habenichtse im Horxumer Dreieck mit Kredit geflutet, damit sie Immobilien erwerben, dann wäre die Finanzblase, statt in den USA, in Lummenau entstanden. Freilich eine, die im globalen Maßstab vernachlässigbar und dennoch hinreichend gewesen wäre, um das Wirken von Blasen am mikrokosmischen Exempel zu studieren."

89

Die Senioren nickten kraftlos. Ich wollte gerade gehen, da sinnierte Strabanger schon wieder. „Alles ließe sich in Lummenau schonend erforschen. Die Bewahrung der Schöpfung oder des Kapitalismus beispielsweise, der Atomausstieg, Korruption, Rassismus, Doping, eine Parallelgesellschaft." Strabanger muss geahnt haben, dass er einem Gedanken nachhing, den zu denken selbst der Bundesregierung bisher versagt war. Er saß da, zufrieden als sei die Dorflindenbank mit Daunen gepolstert, lächelte. „Lummenau könnte es der Welt vormachen."

„Alles?" fragte Louis, der Halbschlossgärtner. „Auch ein Kreisblatt, das es morgen noch gibt?"

„Sicher doch. Ein Kreisblatt, sogar ohne Papier."

Bis dahin hatte der weitgehend arbeitslose Politologe Meyer-Falkenstein geschwiegen. Als Gebildeter, wenn auch nur politisch, befand er nun: „Du spinnst, Heini. Oder du hockst zu oft vor deiner Glotze."

Sofort verwahrte sich Strabanger. Insbesondere gegen die Unterstellung, er benutze einen Fernseher.

„Dann schmökerst du zu viel im Kreisblatt", resümierte der Politologe, erhob sich und ging. Auch er ahnte nicht, dass er Zeuge eines Wimpernschlags der Weltgeschichte geworden war – im Lummenauer Zuschnitt.

Die Vorwegnahme der Welt in Lummenauer Dimensionen war auch anderweitig längst im Fluss. Im Rathaus wurde bereits mit Entwicklungen experimentiert, welche die Welt ratlos machen würden. Die Assistentin des Bürgermeisters etwa probierte die Ausspähung der Kommunikation ihres Chefs. Sie gab Listen der Anrufer und Angerufenem sowie Abschriften ein- und ausgehender E-Mails an die zur Eifersucht neigende Geliebte des Bürgermeisters weiter. Freiheit oder Sicherheit? Die Frage wurde in Lummenau mit *Sicherheit* beantwortet, lange bevor Staatenlenker auf diesen Einfall kamen.

Ein Spross aus dem Hause Kartim befand sich übrigens auf der Anreise aus Peru. Im Kopf trug auch er die Idee, Lummenau zur Versuchsanordnung zu machen (und die Kartims reicher).

Ich selbst, Gregor M., verwertete den Gedanken eines dörflich begrenzten Experimentierfelds noch am gleichen Tag – und zwar in der verallgemeinernden Form eines Vorworts.

DAS AUF UND AB, der Aufstieg oder, was niemals davon zu unterscheiden ist, der Niedergang Lummenaus begann, als sich die Gemeinde – in Erwartung jenes Kartim aus Peru – ein Goldenes Buch zulegte. So ein *Goldenes* ist das in Kommunen verbreitete Mittel, um herausgehobene Personen aus Anlass ihres Besuchs zu ehren oder günstig zu stimmen, indem sie ihren Namen in dieses Buch eintragen müssen oder dürfen. Die Anschaffung des Goldenen Buches erfolgte aufgrund einer Initiative neoliberaler Mandatsträger im Gemeinderat. Sie gaben vor, die Visite eines Verwandten des zwecklos verstorbenen Mitbürgers Kartim würdigen zu wollen – in Wahrheit vertrauten sie dem Gerücht, dass er auf nicht näher bezeichnete Weise zu Geld gekommen sei.

Oft sind sie wuchtige, in Leder oder Leinen gebundene Wälzer – nicht so das *Goldene* in Lummenau. Hier fiel es kostengünstig aus, bescheiden, zart wie ein Poesiealbum. Mit Genügsamkeit allein war es allerdings nicht getan. Das Goldene Buch, damit hatte keiner gerechnet, benötigte ein Vorwort, möglichst kostenlos. Die Assistentin des Bürgermeisters fühlte sich zuständig, scheiterte jedoch. Ihr Vorwort neigte dazu, das Buch zur Gänze zu nutzen. Da erinnerte man sich, einen Schreiber im Dorf zu haben. Noch am selben Abend fuhr der Gemeindebote mit dem Moped bei mir vor. Er überbrachte eine leere Musterseite, den Auftrag, diese mit einem Vorwort zu betexten, und den Wink, dass Einwohner gegenüber der eigenen Gemeinde bei Honorarforderungen, wenn überhaupt, Zurückhaltung zu üben pflegten.

Da mein Argument, nur noch Reden zu schreiben, nicht verfing, blieb mir nichts als solidarisch zu sein. Noch an diesem Abend, ich wollte die Sache hinter mich bringen, saß ich am Schreibtisch.

Die ungewohnte Niederschrift eines Vorworts gelang mir zügig. Wohl deshalb, weil mir als Motivation ein Trugbild diente. Ich gaukelte mir vor, kein Vorwort zu verfassen. Ich schrieb eine Rede. Diesmal für mich.

Um Lummenau auf Augenhöhe mit der neuen Zeit darstellen zu können, zog ich das Lieblingsbuch promovierender Politiker zu Rate: das Internet. Ich googelte ein gehobenes Zitat, das ich kopierte: „Als Dorf bezeichnet man eine zumeist kleine, von Menschen bewohnte Gruppensiedlung mit geringer Arbeitsteilung, die ursprünglich durch eine landwirtschaftlich geprägte Siedlungs-, Wirtschafts- und Sozialstruktur gekennzeichnet ist und auch als Siedlung bezeichnet wird. Charakterisierend ist die Landwirtschaft." Den Text etikettierte ich als Zitat aus Wikipedia, in der Hoffnung, dass diese Quelle auch in Peru und anderenorts geachtet sei.

Mir (und Wikipedia) war insoweit eine Einleitung gelungen, die auf jedes Dorf zutraf. Im zweiten Absatz ging ich auf Eigentümlichkeiten ein. Lummenau, erläuterte ich, sei ein Straßenangerdorf, also ein Angerdorf und zugleich ein Straßendorf, dessen Dorfstraße sich hinter der Bäckerei zu einem Anger aufblähte und danach im Bogen zum Ortsausgang verlief. Der Anger selbst befände sich im Gemeindebesitz und umschließe einen mit Wanderwegen gesäumten Teich, der Erfrischung für Sommergäste, Löschwasser für die Freiwillige Feuerwehr, Barsche und Karauschen für Sportfischer sowie Trinkwasser für Nutztiere bereithielt. (Die Schilfinsel und die Art ihrer Nutzung erwähnte ich nicht.)

In einem dritten Absatz formulierte ich die Zukunft von Lummenau. So weitblickend und so wenig konkret, wie es die Glaubwürdigkeit eines Vorworts gebot. Lummenau, schrieb ich, würde in einer Gesellschaft der zwei Geschwindigkeiten zu den Schnelleren zählen, es böte sich an für kuschelige Modernität, etwa ein *Internet mit Herz*, oder für *Digitales aus dem Fachwerkhaus* und dergleichen. Gelände für Museen sei ebenso verfügbar wie für Freizeitangebote an verwöhnte Touristen. Soweit die Information. Dann aber dieser Satz, der alles vernebelte, indem er es auf den Punkt brachte: Lummenau stünde bereit als Laboratorium, als Übungs- und Testgelände für das politisch Undurchschaubare, das gesellschaftlich Schleierhafte, mithin das Globale.

Ich hatte die Zeilen einfach hingetextet. Sie würden ähnlich desaströs wirken wie schon Prophezeiungen der Bibel, meines Vaters und der Europäischen Zentralbank. Aber das ahnte niemand. Ich am wenigsten.

Meinen Textvorschlag, mit geeigneter Gestik laut und vor dem Spiegel zur Probe gelesen, mailte ich an buergermeisterpersoenlich@lummenau.de.

Noch am selben Tage kam der entscheidende Anruf. Man bäte, und zwar *höflichst,* falls und sobald es mir möglich sei, um einen Besuch im Dienstzimmer des Bürgermeisters. Die devote Tonart missfiel mir. Sie versprach steuerfreie Ehre statt eines Honorars.

AM FOLGENDEN Tag, pünktlich nach dem Frühstück, lief ich zur Gemeindeverwaltung hinüber. Das

Rathaus von Lummenau, hier tagte früher der Rat, neuerdings auch mal Ratlosigkeit, repräsentierte – abgesehen von meinem tempelartigen Haus – die eindrucksvollste Architektur im Ort. Man hätte den Bau auch für das Postamt, ein Kurhaus oder den Bahnhof halten können. Der Architekt, natürlich ein Ur-Ur-Urgroßvater des heutigen Bürgermeisters, hatte sich berechtigt gefühlt, mit den Epochen der Baukunst zu spielen. Angeblich wurde im Mittelalter das Rathaus ja auch *Spielhaus* genannt.

Von seinem Schreibtisch aus konnte der Bürgermeister den Verkehr auf der Angerstraße überwachen. Daher sah er mich kommen und ging im Treppenhaus in Stellung. „Herzlichen Glückwunsch" rief er von der oberen Etage und kam mir ein paar Stufen entgegen. Sein Händedruck war wie Erwartungsdruck. An der Art, wie er seine Assistentin zurecht- und anwies, einen Kaffee zu kochen, glaubte ich zu erkennen, dass die Welt in Lummenau – jedenfalls an diesem Tag – in Ordnung war. Was die Assistentin, die übrigens dürr war wie ein erfolgreiches Model, indirekt bestätigte. „Schon wieder Kaffee?" fragte sie. „Wann arbeiten Sie mal?"

Die Frage schien nicht unberechtigt. Im Dienstzimmer des Bürgermeisters stapelten sich benutzte Kaffeetassen. Er bat um Verständnis. Die Dorfbewohner würden einer nach dem anderen vorsprechen. Jeder wolle am Aufschwung von Lummenau teilhaben. Nun interessiere ihn meine Vision aus dem Vorwort, die Zukunft Lummenaus betreffend. „Sie haben mich neugierig gemacht, Gregor. Reine Erfindungen, nehme ich an, einfach großartig. Oder", jetzt misstrauisch, „ist Ihnen da etwas zur Ohren gekommen, das nicht einmal der Bürgermeister weiß?"

Ich konnte ihn beruhigen: „Schiere Kreativität, Fantasien eines routinierten Schreibers."

„Aber immerhin möglich, oder?"

Wir tranken Kaffee.

Zum Abschied baute sich der Bürgermeister erneut im Treppenhaus auf. „Es lebe der Fortschritt!" rief er diesmal. Bedauerlicherweise ging der Wunsch in Erfüllung. Dank ihrer Wertschätzung der *Naivität* fühlten sich die Lummenauer berechtigt, nicht nur unbedeutender Teil eines Ganzen, sondern Probierstube für die Republik zu werden. Das wiederum begünstigte den Reigen der Missverständnisse und eine Entwicklung, die Lummenau die Chance raubte, Lummenau zu bleiben. Ich selbst aber wurde umso tiefgehender in die Karriere eines Schreibers verstrickt.

10 000 €

Vielleicht war es mein Fehler, eine allzu verbindliche Zukunft für Lummenau zu formulieren. Vielleicht war es die unverschlüsselte Verwendung von Wörtern wie *Löschwasser* und *global*, die in den Filtern pensionsberechtigter Surfer bei den Geheimdiensten hängenblieben und verdächtig erschienen. Möglich sogar, dass es Überheblichkeit seitens der Gemeindeverwaltung war, die meinen Text der Presse (sprich: Kreisblatt) zuspielte wo mein Vorwort als investigativ getarnter Beitrag erschien. Der Redakteur hatte mit 72-Punkt-Lettern aufgemacht, sodass andere Medien die Sache kaum übersehen konnten. Ergänzende Gerüchte sickerten aus dem Dorfkrug:

Der Generalbundesanwalt habe vorbeugend den Fall an sich gezogen.

Im Landtag würde erwogen, einen parlamentarischen Untersuchungsausschuss einzusetzen.

Frau Leipold beende ihr Wirken an der Neufassung der *Odyssee*. Sie plane jetzt ein Stück über einen androgynen Studienrat an einem rheinländischen Gymnasium.

Die Wiedereröffnung einer Lummenauer Filiale der Kreissparkasse stünde unmittelbar bevor.

Der Gemeinderat träfe sich im Hinterzimmer.

Ich aber wurde in das Halbschloss einbestellt.

Dr. Daphne Kartim empfing mich im Park vor einem von Rosenstöcken beaufsichtigten Pavillon. Abendkleid, dezentes Geschmeide. Die Frau war in der Weise reich, dass sie weder Modejournale noch Kontoauszüge lesen musste, bevor sie sich in Haute Couture aus der Boutique in Krättlingen werfen konnte.

„Gregor M.", stellte ich mich vor.

„M? Sagten sie Gregor *M*?"

„M wie Mustermann. Leider. Alle diesbezüglichen Witze sind mir bekannt."

„Darf ich Gregor sagen? Ich heiße Daphne." Die Frau mochte keine Umschweife. Sie führte mich in den Pavillon, der klimatisiert, rundherum verglast und ziemlich prächtig war. Außen eine Huldigung an die Rosen, innen eine Huldigung an das Internetauktionshaus Ebay. Preiswerte Computer sowie gebrauchte Büromöbel diffamierten das noble Gartenhaus als Arbeitszimmer. Daphne kam unmittelbar zur Sache. „Ein entfernter Verwandter aus Peru wird Lummenau besuchen."

„Señor Rodrigo Kartim, ich weiß. Obwohl er steinreich sein soll, sehen die Leute im Dorf in ihm den Messias. Es heißt, er würde in Lummenau groß investieren."

„Sagt man das?" lächelte Daphne. „Ich vermute, Rodrigo hat andere Pläne."

Ohne noch zu wissen warum, wurde ich eingeweiht. Dieser Kartim sei Deutscher. Möglicherweise. Der biologische Vater allerdings war unter mehr als hundert männlichen, insbesondere deutschen Teilnehmern einer Massenorgie am Sandstrand von Nusa Dua auf Bali nicht mehr auszumachen gewesen. Auf die Welt kam Rodrigo in Wanne-Eickel bei der Durchreise an den Titicacasee. Seine Mutter, eine geborene Kartim, erhoffte sich in Peru einen passenden Vater für den Säugling. Zum Jüngling herangewachsen, habe Rodrigo Informatik und Frauen studiert. „Stellen Sie sich einen internationalen Waffenhändler vor. Mann von Welt mit dem Charisma eines Mannes von Unterwelt." Frau Daphne schien für den Señor nicht sehr eingenommen zu sein. „Sein Geld, hört man, stammt aus unsauberen Quellen. Aber ich will ihm nicht Unrecht tun – vielleicht hat er ja gar keins."

Stattdessen, erfuhr ich, hatte Rodrigo eine Vision: Er sah die Erde als globalen Kiez. In einer deutschen Umgebung wollte er diese Vision realisieren.

Frau Daphne aber quälte eine andere Vision: Die Googles, Amazons, Twitter, Facebooks oder Ebays, fürchtete sie, könnten das von Gott den Verlegern gegebene Geschäft mit Informationen an sich ziehen und später an die Geheimdienste verlieren. Dieser Entwicklung wollte sie vorkommen. „Algorithmen und die Steuerzahler", erhoffte sie sich Beistand, „werden die Schöpfung als Ganzes bewahren, inklusive des Kreisblatts."

„In Gestalt einer Online-Zeitung?" befürchtete ich spontan.

„Nein, in Gestalt einer Paarung, Gregor. Internetportal, Gemeindeblatt, Webshop, Abmahnung, Soziales Netzwerk, Hacker und Datenhändler. Alles in einem, verstehen Sie?" Ich verstand. Pietät oder Gewinnsucht, die Witwe wollte das Werk des Gatten vollenden – gegen den Verwandten aus Peru?

„Darf man wissen, um welches Vorhaben es dem Herrn Rodrigo geht?"

„Stellen Sie sich das vor, Gregor. Mein Rodrigo hat tausende Kilometer von hier im *Diario Oficial El Peruano* die bekannte Verlautbarung unserer Gemeindeverwaltung gelesen. Lummenau stünde bereit als Testmarkt und Laboratorium. Rodrigo liebt Labors. Nun plant er bei uns ein tiefgreifendes Experiment zur Rückkehr in die Zeit vor die Globalisierung. Ich dagegen möchte erproben, was danach kommt. Gibt es ein Kreisblatt nach der Globalisierung?" Aus Daphne sprach jetzt die Urteilskraft einer volkswirtschaftlich gebildeten Verlegerwitwe im Abendkleid aus einer Boutique in Krättlingen. Sie zog einen Vergleich mit *systemischen* Banken, die ihrer schieren Größe wegen von der Gesellschaft gerettet werden mussten, um deren Fortbestand zu sichern. „Ich will das systemische Kreisblatt der Zukunft realisieren. Rodrigo dagegen versucht ein Comeback der Vergangenheit."

„Wollen Sie die Globalisierung zurückdrehen?" fragte ich.

„Nicht zurückdrehen – überspringen."

„Weiß Señor Rodrigo davon?"

„Sie erhalten Gelegenheit, das selbst herauszufinden. Ich werde ihm raten, Sie unter Vertrag zu nehmen."

Mir war wie auf frischer Tat ertappt. „Unter Vertrag?" fragte ich. „Als wer oder was?"

„Als Redenschreiber, ist das nicht Ihr Beruf? Rodrigo ist unserer Sprache und Sitte entwöhnt. Er braucht jemanden wie Sie, aber…" Eine Bedingung stellte Frau Daphne noch. „Sie werden, gleich jetzt, einen Vertag mit mir unterschreiben, in dem festgelegt ist, dass Sie mich über alle Schritte Rodrigos auf dem Laufenden halten."

Eigentlich wollte ich mich vor der Unterschrift erst nach dem Honorar erkundigen. Außerdem hasse ich Eindeutigkeiten, ich bin Freiberufler. „Bitte verstehen Sie, Daphne, ich möchte mich nicht öffentlich mit Vorhaben gemein machen, die womöglich nicht meinen Überzeugungen entsprechen."

„Da seien Sie unbesorgt. Zum Schein werden Sie beauftragt, eine Jubiläumsbroschüre für unseren Verlag abzufassen. Ihr Honorar beträgt 10 000 Euro."

Es heißt, beim Geld höre die Freundschaft auf. Sie kann aber auch damit anfangen. 10 0000. „Daphne", hauchte ich nur. Und machte eine viel zu dankbare Verbeugung. Sie ließ ein schlankes Bein aus dem geschlitzten Abendkleid gleiten. Da kam der Gärtner herein, er lächelte schief und forderte meine Unterschrift. Leider vergaß ich, mir eine gegengezeichnete Kopie geben zu lassen.

noeB

Das Handy, als es weder so hieß noch in die Hosentasche passte, galt amtsdeutsch als „Kommunikationsform, die Nachrichtenverbindungen zwischen beweglichen Funkstellen und Endstellen des öffentlichen Fernsprechnetzes herstellt". Dieser *öffentliche bewegliche Landfunk* wurde aktenkundig unter dem prickelnden Kürzel *öbL*.

Die Jahre und der öbL vergingen, das Verlangen nach Abkürzungen und mobiler Kommunikation aber blieb. Begreiflich, dass jüngere Lummenauer hinter der Buchstabenfolge noeB eine *App* für handelsübliche Smartphones vermuteten – bis ein Herr in Lummenau auftauchte.

Der Herr war so ein noeB.

Die Abkürzung noeB ist selbst unter Konsumenten der literarischen oder fernsehbaren Kriminalität wenig geläufig. Der noeB, was könnte er anderes sein, ist ein *nicht offen ermittelnder Beamter*. Man denkt zu Recht an den *verdeckten* Ermittler, wie er auf Englisch als *Undercover Agent* auch Ignoranten der Szene bekannt ist. In geheimdienstlichen Kreisen werden verdeckte Ermittler zum VE verkürzt. Das sind Beamte, die im eigentlichen und übertragenen

Sinne ohne Uniform auftreten. Ein VE unterscheidet sich vom ehrlichen Bürger dadurch, dass er unter falscher, von Amts wegen gefälschter Identität auftritt. Denn verdeckte Ermittler, und genau das verdeckt sie, werden durch eine sogenannte Legende unkenntlich gemacht, wobei nicht nur dem Gesicht, sondern der kompletten Biografie, dem ganzen Leben des VE – bildhaft gesprochen – ein Bart angeklebt wird. Spezialisten erdenken und schaffen diese neuen, zur Unkenntlichkeit verändernden Identitäten. Die hat der VE auswendig zu lernen und anschließend gewissenhaft auszuleben. Schließlich soll er sich, kostspielig in eine konspirative Bruder- oder Schwesternschaft eingeschleust, nicht durch einen Lapsus verraten. Der VE und, schmerzlicher noch, seine wertvolle Legende wären dahin.

Neuerdings beschenkte das Internet die Dienste mit der *virtuellen* Ermittlung. So hat das Bundeskriminalamt, wie die Bundesregierung schon vor Jahren auf eine *Kleine Anfrage* hin bestätigte, bereits verdeckte virtuelle Ermittler, sogenannte VVE, eingesetzt. Facebook & Co. sind eine Fundgrube für Ermittlungsbehörden. Daher gehört es inzwischen zur normalen Konspiration, schamlos in sozialen Netzwerken, Mails und anderer Leute Computern nach Identitäten, Bekanntschaften oder Alibis verdächtiger oder unverdächtiger Personen zu stöbern.

Doch was die Arbeit zu erleichtern scheint, erweist sich in der Anwendung oft als heikel. Als kürzlich die

Doktorarbeit eines VE per Zufall durch mehrere Plagiate auffällig wurde, flog seine künstliche Identität auf. Richtige falsche Identitäten netzwerkfest zu gestalten, gilt seither als fast unmöglich.

IM NACHGANG zu meinem Vorwort im *Goldenen Buch* erschien nun so ein noeB in Lummenau. Er verbarg sich hinter der Identität eines Touristen, verhielt sich gewöhnlich, sodass es sogar Lummenauern ungewöhnlich erschien.

Nach seiner Ankunft hatte er sich im Rathaus als Nichtzuerkennender zu erkennen gegeben und eine unauffällige Unterkunft verlangt. Fremdenzimmer gab es in Lummenau seit dem Verfall des Bau Rivage nicht mehr – außer bei Frau Sophia, die das von ihrem Hund Rudi selten benutzte Zimmer inzwischen touristisch auslobte. Sophias Einstieg ins Fremdenverkehrsgeschäft begann somit konspirativ – bis prickelnd. Denn dass auch Herren bei ihr absteigen könnten, sollte ihr erst jetzt bewusst werden.

Weil Revolutionen im Dorf ausblieben, nutzte der noeB die Zeit der Untätigkeit, um seinem Vorgesetzten gefällig zu sein. Denn der, seiner Legende nach ein gewisser Kleinhuber, sah bereits dem Ruhestand entgegen, wollte sich aber noch ein nachrichtendienstliches Denkmal setzen und plante, ahnungslos, dass sie längst existierte, eine Datei mit Videos der gesamten Welt-bevölkerung. Warum damit nicht in Lummenau beginnen? Der noeB videografierte also ständig Personen, die ihm begegneten.

In Lummenau gewöhnte man sich rasch an den geheimnisträchtigen Fremden.

Doch bei dem *einen* blieb es nicht.

Bald schlich auch ein gewisser Conrad (mit Vornamen Conrad) durch und um das Dorf. Genau im Umkreis eines Cappuccino. Vorgeblich Subunternehmer einer Telefongesellschaft, durchquerte er mit sämigen Bewegungen und einem schwarzen Kästchen das Dorf, um angeblich Messungen, betreffend eine nahegelegene Sendeeinrichtung, vorzunehmen. Besonders lange hielt sich der Conrad nahe der Baustelle einer großbäuerlichen Diskothek auf. Routinekram, sollte man in Lummenau vermuten. In Wirklichkeit war Conrad von jemandem namens Kartim bestochen worden, einem Herrn, glaubte er. Tatsächlich handelte es sich um eine promovierte Bestecherin, Dr. Daphne Kartim. Sie hatte Conrads Homepage besucht, blieb ihrerseits anonym, fand seine Vita dienlich und war bereit, dafür zu bezahlen, dass er den Großbauern zur Verwendung aktuellster Online-Technik anstelle von Tischtelefonen anstiftete.

Weil der Conrad Conrad den Großbauern jedoch nicht angetroffen und seinen Job gegen Abend noch nicht beendet hatte, sprach auch er in der Gemeindeverwaltung vor. Dort imponierte er mit Wörtern aus dem Fachchinesisch seines Berufsstandes, fragte schließlich nach einem Fremdenzimmer und erhielt, was sonst, die Anschrift der Pension Sophia.

So kam es zur Begegnung einer Herbergsmutter mit einem Mobilfunker. Sie besichtigte den neuen Schlafgast, schon wieder dieses Prickeln, schon wieder ein Mann. Er gefiel ihr, auch seine Art, die Dinge beim Namen zu nennen. Frau Sophia erfasste schnell, dass hier einer vor ihr stand, der sich auskannte, der genau wusste, dass LTE *Long Term Evolution* bedeutete. Ein neuer Mobilfunkstandard, der, Sophia mochte das kaum glauben, mit hunderten Megabit pro Sekunde extreme Downloadraten zuließ. Voll Hingabe hing Sophia an den Lippen des Mobilfunkmannes. Der deutete das Interesse falsch und gab unverzüglich noch zu bedenken, dass *Orthogonal-Frequency-Division-Multiplexing*-Techniken (OFDM) sowie MIMO im Spiel waren, die allgemein bekannte *Multiple-Input-Multiple-Output* Antennentechnologie. Für Frau Sophia klang all das wie ein heftiger Flirt. Die Knie wurden ihr weich, nie war sie einem begegnet, der derart durchblickte. Sophia bot ihm ihr Schlafzimmer an. Sie selbst würde auf dem Sofa im Wohnraum ruhen.

Mitten in Lummenau hatte sich Ahnungslosigkeit zu einem Trio verdichtet. Die unerfahrene Zimmerwirtin, ein undurchsichtiger Mobilfunkmacher und der noeB. Vor dem Verdacht einer *Ménage-à-trois* beschützte das Trio nur, dass der durchschnittliche Lummenauer kein Französisch verstand. Dennoch: Frau Sophia, der Mobilfunker und der verdeckte Ermittler kamen sich näher. Morgens, beim gemeinsamen Warten vor der Badezimmertür hatten sich die Herren schätzen gelernt. Einmal, Frau Sophia plätscherte, aufreizend, wie sie insgeheim hoffte, in der Badewanne, wäre es fast zum Geheimnisverrat gekommen. Der Mobilfunker log, er würde Lummenau in seinem Bericht als ungeeignet für einen LTE-Versuch bezeichnen. Darauf log der noeB, das interessiere ihn nicht. Daraus wiederum zog der Mobilfunker den Schluss, bei seinem Gesprächspartner handele es sich in Wahrheit um den Auftraggeber und Bestecher namens Kartim, den er ja nur als virtuellen Besucher seiner Homepage kannte.

DIE GEHEIME NATUR seiner Tätigkeit bewahrt der noeB, indem er nichts tut. Nicht nur der Banalität zuliebe, dass, wer nichts tut, auch nichts falsch machen kann. Geheimdienstliche Erfahrung lehrt, dass sich Dinge bewegen, sogar zweckdienliche Abgründe auftun, sobald der noeB im Nichtstun verharrt. Warum sollte das in Lummenau anders sein? Der noeB also hütete sich, mehr zu tun, als alle Leute zu fotografieren, die Pärchen auf der Schilfinsel im Angerteich zu observieren, gelegentlich einen Cappuccino zu trinken oder den Hut zu ziehen, wenn er der Assistentin des Bürgermeisters begegnete. Sein Nichtstun zahlte sich aus. Es kam zu einer folgenschweren Begegnung. Und zwar traf Rodrigo Kartim beim Spaziergang diesen Herrn, den als noeB zu demaskieren die Staatsraison verbot. Der noeB lichtete gerade vorbeigehende Lummenauer ab, weshalb Kartim dem Irrtum erlag, es handele sich um den Werbefotografen, den er über eine Dienstleistervermittlung im Internet engagiert und mit Reklamebildern zum *Lummenauer Projekt* beauftragt hatte. Kartim befragte den ihm unbekannten noeB nach seiner fotografischen Ausbeute, und der noeB zeigte sich dem Irrtum des Kartim gewachsen. Ohne mit der betreffenden Wimper zu zucken, ließ er sich als Lichtbildner über den Stand gewisser Vorarbeiten für ein hiesiges Projekt ausfragen. Ob er auch das naturverbundene Treiben auf der Schilfinsel fotografiert habe? Oder das Tempelhaus? Spontan improvisierte der noeB passende Antworten wie „Alles bestens" oder „Sie werden zufrieden sein". Nebenher formulierte er gedanklich den Tagesbericht an seine Behörde. Heute würde darin von suspekten Besorgungen in Bezug auf ein lokales Geheimprojekt die Rede sein.

Ein Reigen von Missverständnissen hatte sich in Gang gesetzt. In schematischer Darstellung: A irrte sich in B. B irrte sich in C. Und C, da schloss sich der Reigen, irrte sich wiederum in A. Oder figurativ: Kartim hielt den noeB für seinen Werbefotografen. Der noeB vermutete in dem Mobilfunker einen harmlosen Pensionsgast. Der Mobilfunker aber hielt Kartim, nichtsahnend, dass es sich bei *Kartim* aus seiner Perspektive um eine Frau handelte, für seinen Bestecher.

AUCH SONST BRAUTE sich einiges zusammen. Rike, meine Ex, unterbrach ihr aktuelles Studium und reiste nach Lummenau. Ich sah sie (wie im Blick durch den Sucher einer Kamera) am Bildrand, oberhalb der Mauer zum Nachbargehöft: Ein Streifen Himmel, ein lachendes Gesicht. Es begann gerade zu regnen. Keiner wagte, den anderen zu sich einzuladen. Da fiel mir unser Baumhaus ein. Neutraler Boden. Rike lächelte abgrundtief.

Im Baumhaus schien die Zeit stehen geblieben zu sein, selbst der Altar aus Obstkörben stand noch da. Häufig hatten wir ihn verwendet, um Heiraten zu spielen. Alles schien wie immer. Nur hatte die Rike ihre Keuschheit wegstudiert. Hinzu kamen Assoziationen, die von den Obstkörben ausgingen. Wir hatten immer nur den Hochzeitstag durchgespielt. Dass es da noch etwas geben, dem Hochzeitstag eine Nacht folgen musste… wir hatten Ahnungen und keine Ahnung. Jetzt war das anders. Jedenfalls war es heiß im Baumhaus. Dunkel war es auch, nur dünne Streifen von Tageslicht leuchteten durch

Ritzen herein. Rike nahm die Schwüle zum Vorwand. Sie zog sich aus, nicht nur die Bluse. „Diese Hitze", seufzte sie und ließ es zu, sich im Dunklen betrachten zu lassen. „Gefalle ich dir?" Rike war kein Kind mehr, sie stellte Fragen wie eine gereifte Frau. Ich heuchelte Blindheit. Im Dämmer würde meinen Augen wenig geboten. „Dummkopf", sagte sie da und legte Hand an sich, *meine* Hand. „Schließ die Augen. Du kannst mit den Fingern sehen." Und recht hatte sie, ich sah. Mehr und intensiver als je zuvor. Irgendwann wendete sich die Situation. Die Rike nahm sich meiner an, fingerfertig. Nicht, dass sie mich auf hausbackene Art entkleidete. Penibel wie eine Forscherin grub sie mich aus, legte mich frei. Vermutlich hatte sie gelegentlich auch Archäologie studiert. Sie entdeckte Teil für Teil von mir. Am Ende entdeckte sie etwas, das sie vergessen ließ, auch noch meinen linken Strumpf abzustreifen.

Als der archäologische Taumel vorüber war, schmeichelten sich Erinnerungen in Rikes Seele. „Hatten wir nicht eine schöne Kindheit?". Unpassend fiel mir in diesem Moment Lilly ein. Ich blieb sachlich. „Das Paradies", sprach ich, „das Paradies war immer *gestern.*"

Wir verließen das Baumhaus im Morgenlicht. Aus einiger Entfernung tuckerte das Moped des Gemeindeboten heran. Womöglich beobachtete er unseren Abstieg vom Apfelbaum. Ich stellte mir vor, wie er ein Gesicht zog, das er dem Dorfpfarrer abgeschaut hatte. Abscheu pur. Er malte sich Szenen aus, die das Geschehen der vergangenen Nacht aufbauschten. Ein Lummenauer Gemeindebote schätzte die Welt so, wie sie sich in seiner Fantasie darstellte. Die aber bewahrte er sich schlicht, indem er Lummenau nie verließ. Auch heute nicht. Er stellte nur, im Umkreis von einem Cappuccino, die Botschaften der Verwaltung zu. Überraschend bediente er auch meinen Briefkasten. Dabei erkannte ich sein Gesicht. Peinlich. Es war nämlich nicht der Gemeindebote. Heute, in Motorradmontur, vertrat ihn dessen Enkelin. Die Lilly nämlich. Sie grinste. Dass *sie* mein Traum war, konnte sie ja nicht wissen. Aber dass die Rike eine Erfüllung war, das konnte sie nicht übersehen.

Ich fischte das Blatt aus dem Briefkasten. *Morgen*, ließ ich die Rike mitlesen, *im Rathaus ein Gedankenaustausch. Anlass: Besuch des Herrn Rodrigo Kartim.* Die Rike hätte auch gern Gedanken getauscht. So neugierig war sie. Denn die Nachricht vom Eintreffen des deutschen Peruaners hatte sich derweil verbreitet wie nach Vorschrift: Zunächst offenes Geheimnis, dann Gerücht, am Ende eine Sensation, dreispaltig im Kreisblatt. Ein Kartim plus Südamerika plus Geld – diesen Verschnitt hatte das Kreisblatt zur *Nie-wieder-wird-es-sein-wie-zuvor*-Geschichte aufbereitet. Von Investitionen war die Rede, von vertraulichen Beziehungen, von Geschäften im Internet. Binnen kurzem hatte jeder von Rodrigo Kartim gehört. Wie üblich jeder etwas Anderes.

111

Amigo

Der Austausch über einen deutschen Peruaner fand statt, wo früher Akten verstaubten und heute demokratische Entscheidungen getroffen wurden: Im Hinterzimmer. Weitblickend (oder weil das Rathaus für die Verwaltung einer schrumpfenden Gemeinde längst zu groß war) hielt Lummenau außer dem üblichen kleinen Sitzungsraum einen Saal als Hinterzimmer vor. Wann immer angezeigt, konnte hier der Gemeinderat mit wem auch immer zusammentreten. Nichts drang nach außen, Beratungen im Hinterzimmer verliefen nach den weltweiten Standards der Kungelei. Als zusätzliche Abgrenzung zu dienstlichen Gemeinderatssitzungen wurde Sekt aus regionalem Weinanbau eingeschenkt.

So auch heute. Der Besucher aus Peru sollte in zwangloser Umgebung für würdig erachtet werden, sich in das Goldene Buch einzutragen. „Wir haben uns zum Austausch unverbindlicher Gedanken getroffen", versprach der Bürgermeister mit erhobenem Sekt. „Ein Protokoll wird es nicht geben."

Die mit Alkohol versetzte Kohlensäure wirkte. So fiel niemandem auf, dass sich Señor Kartim bereits unter die Anwesenden gemischt hatte. Denn Kartim sah nicht aus wie man sich hierzulande den netten Peruaner vorstellt: Großgewachsen, hager, ein Mann wie Don Quijote auf dem Gemälde von Honoré Daumier. Stattdessen glich er jemandem, der nicht genug bekommt von sich selbst, eine Persönlichkeit, an der sich die Fantasie abarbeiten konnte. Kein Macho zwar, eher ein Schlitzohr mit dem geschmeidigen Gehabe des Weiberhelden. Dazu kontaktfähig und schillernd. Im nächsten Moment vermochte dieser Kartim aufzutreten wie ein normaler Niedersachse, der im Lotto gewonnen hat. Genau das jedoch kam in Lummenau an. Erst recht das Gerücht, der Kartim pflege auf der Route von Peru nach Lummenau einen Zwischenstopp in London bei seinem Schneider einzulegen. Hatte man sich steinreiche Investoren nicht wie Señor Kartim vorzustellen?

Er war unauffällig vorgefahren. Nicht wie erwartet im Straßenkreuzer, sondern mit dem Fahrrad. Geiz oder Exzentrik? Auf die Idee, dass er weder einen Straßenkreuzer noch das Geld dafür besaß, wäre niemand gekommen. Alle waren überzeugt, dass Señor Kartim ein Fahrrad benutzte, weil ihm an einer liebenswürdigen Täuschung lag. Er wollte, da war man sicher, die Befindlichkeiten der Lummenauer schonen, indem er durch schlichtes Auftreten kaschierte, dass er sein Vermögen, na wenn schon, im Drogenhandel gemacht hatte. Und was für ein Vermögen! „Wenn er nur gewollt hätte", gab ein angetrunkener Gemeinderat zu bedenken, „hätte der

113

Kartim im eigenen Helikopter beim Rathaus vorfliegen können."

Bevor der Gedankenaustausch zur Besäufnis verkommen konnte, kletterte Kartim auf einen Stuhl und warf, das wurde allgemein als lateinamerikanisch empfunden, sein gefülltes Glas an die gegenüber liegende Wand. Das Publikum bewarf er mit Kusshänden. Als Besucher aus einem entfernten Erdteil identifizierte er sich, indem er vehement und spanisch sprach. Niemand verstand, was er sagte. Aber jeder begriff: Da ist er, der uns erschienen ist, der reiche Kartim, ein echter Lummenauer, heimgekehrt an den Ort seiner Väter. Es herrschte eine Stimmung, wie in schwarzweißen Wildwestfilmen, wenn Bravorufe und Hüte in die Luft geworfen werden. Nur ging niemand in Lummenau derart mit seinem Hut um. Der Bürgermeister wollte sich anderweitig erkenntlich zeigen. Er holte zu der von mir verfassten Rede aus. Niemandem, dem Bürgermeister schon gar nicht, fiel auf, dass er dabei die falsche Rede vorlas. Und zwar bereits die, die Kartim aus gegebenem Anlass auffordern sollte, sich in das Goldene Buch von Lummenau einzutragen. Zum Glück der deutschen Sprache entwöhnt, deutete Kartim die Rede symbolisch. Er lächelte puren Tatendrang, als ob er alles verstanden hätte. Still herumzutrinken lag ihm nicht. Ohnehin war inzwischen der Sekt ausgegangen. Wer Durst hatte, musste Pflaumenschnaps trinken.

GEGEN MITTERNACHT SCHIEN Kartims Interesse an Lummenauer Honoratioren zu erlahmen. Bevor der Schnaps die Räte überwältigt hatte, bat er einen gewissen Gregor M., also mich, sowie – aus Höflichkeit – den Bürgermeister zum Gespräch. Das Hinterzimmer des Hinterzimmers war für uns reserviert, ein Raum voller Vorgefühle, bunt gepolsterten Sitzen und einem Bett, (das heute nicht gebraucht wurde), über dem an der Saaldecke ein ausladender Spiegel befestigt war. Die Wände schmückten Ölgemälde: verflossene Bürgermeister statt röhrender Hirsche. Der aktuelle Bürgermeister drohte eben einzuschlafen.

„Du also", sprach der Kartim zu mir. „Oder sagst du *Sie*?" Sein Deutsch klang gewöhnungsbedürftig, wie peruanisch mariniert, vor allem war ihm die Grammatik abhandengekommen. „Sie schweigen werden?" fragte er gönnerhaft. „Daphne hat verboten zu schweigen? Gut. Ich geben Information, Sie dürfen an Daphne weitersagen." Mir war nach Achselzucken, aber ich nickte mit dem Kopf.

Danach erfuhr ich, Rodrigo Kartim werde ein sogenanntes *Lummenauer Projekt* in die Wege leiten. „Für heutige Nacht", ergänzte er, „gern ich würde Leute im Saal überzeugen. Von mir. Soll ich erwähnen Menschenrechte? Kommt gut an bei euch, wie?"

Ich kannte Kartim nicht. Aber war er mir unbekannt genug, um ihn glaubhaft erscheinen zu lassen? Sollte er gewinnend auftreten? Oder kess? Staatstragend? Ich spürte Pflichtbewusstsein im Wert von 10 000 Euro.

Also weckte ich den Bürgermeister und ließ mir Papier und einen Filzstift aus Beständen der Gemeindeverwaltung bringen. *Investitionen in die Zukunft*, notierte ich drauflos. Und natürlich *Wachstum*. Spontan fiel mir *Perspektiven* ein. Und *Lösungen der Probleme auf die kommunale Ebene verlagern* (ich sah zu der Zeit viel fern). Es fehlten noch *Meine Damen und Herren* und ein emotionaler Bezug zu unserem Dorf. Außerdem, richtig professionell, etwas mit Hoffnungslosigkeit. Am Ende überreichte ich Kartim meinen Textvorschlag. Er überflog die Zeilen. „Großartig", lobte er.

Wir kehrten zurück aus dem Hinterzimmer des Hinterzimmers. Der Mann aus Peru bestieg wieder einen Stuhl, von da aus den Tisch, an dem die Fraktionsvorsitzenden tranken. Er hob das von mir beschriftete Blatt in Augenhöhe. „Meine Dame, meine Herren …", zögerte, las stumm weiter, ich meinte ein Kopfschütteln zu erkennen. Dann legte er los. „MENSCHENRECHTE!" brach es aus ihm hervor. Ein Aufschrei, als wolle Kartim seine Zuhörer anschnauzen. Danach eine Pause zum Erschrecken. Leise wiederholte er „Menschenrechte." Jetzt eine Pause zum Aufatmen. „Kostet nichts. Hilft nicht gegen Hunger, gegen zu wenig Wasser, gegen zu viel Bevölkerung." Kartim schoss seinen Blick wie einen Blitz zwischen die Lummenauer Gemeinderäte. „Menschenrechte", er spuckte verächtlich. „Man kann nicht essen, nicht trinken, nicht atmen." Rodrigo Kartim wusste wohl nicht mehr zum Thema, daher wandte er sich meinem Redeentwurf zu. „Ich bin heute Morgen durch Ihren Ort gegangen." Das hörte sich versöhnlich an. „Erst habe ich Trostlosigkeit gesehen", las er weiter. „Mutlosigkeit, Alter, Mangel. Wie überall, glaubte ich. Dann aber habe ich erkannt: Euer Dorf ist ein Edelstein. Weil es eben *nicht* ist wie überall in den Städten, Zentren, Ballungen. Was euch vielleicht noch fehlt, sind Ideen, Initiative und jemand, der den rohen Edelstein zum Brillanten schleift. Also lasst uns…"

„Nein." Jemand schrie widerborstig „NEIN!" Der Politologe natürlich. Er brüllte einfach „NEIN". Hätte er sich gerechtfertigt, niemand hätte ihn beachtet. Ein nacktes, klares NEIN aber war hierzulande schon immer ein bedenkenswertes Argument. Erstmals in seinem Leben hörte man dem Politologen zu. „Lummenau zum Brillanten schleifen!" rief er. „Ja doch… ähhh. Ich meine NEIN, das ist wirklich nicht schlecht."

Beifall brandete. „Also lasst uns…" kämpfte Kartim um Gehör für mein Manuskript, „lasst uns darüber sprechen, wie wir Lummenau zum Brillanten schleifen."

Das war *meine* Rede.

War es, was die Lummenauer hören wollten? Oder sollten? Oder durften? Gemeinderat Strunz drängelte sich durch geleerte Flaschen, Begeisterung und beginnende Müdigkeit zu mir heran. Strunz war als Lehrer und Gemeinderat geachtet. Verachtet aber als Lummenauer Korrespondent des Kreisblatts, denn er litt unter dem journalistischen Vorurteil, kritisieren zu dürfen. „Was kann ich über diese Versammlung schreiben?" fragte mich Strunz. „Kann ich überhaupt darüber berichten?"

Ich gab ihm jenen Rat, mit dem die Pressefreiheit gern am Leben erhalten wird: Selbstverständlich solle er berichten, wahrheitsgetreu. Aber selbstverständlich immer nur im Umfang der zur Verfügung stehenden Zeilen.

Señor Kartim war der Mann des Tages „Amigo", umarmte er mich. „Hast du begriffen? Steckt man nicht Kopf in Sand, muss man Sand in Köpfe stecken." Ich nahm es hin wie ein Versprechen, Kartim würde mich zum Opportunisten formen.

Von da an beobachtete ich Kartim. Er sprach mit jedem, wissbegehrte auch Gerüchte, nahm Fährten auf, hielt Hof im Dorfkrug. Kartim war ein Netzwerker. Er bastelte sich ein Netz, offline. Eine Vetternwirtschaft sozusagen, in der jedermann Vetter sein durfte. (Oder musste?)

Halbschlosskonferenz

Wenn sich Lummenau dem Sommer hingab, belaubte sich das Wäldchen längs der südlichen Anhöhe. Der Bewuchs war am Ende so dicht, dass die herrschaftliche Bleibe der Kartims, das sogenannte Halbschloss, vom Dorf aus nicht mehr einsehbar war. Mystisch fast, ein Herrenhaus, das sich in schiere Mutmaßung zurückzog. Spaziergängern, die sich, von der Nähe zum Reichtum beflügelt, hier heraufgewagt hatten, wurde gelegentlich eine Begegnung mit dem Gärtner zuteil. Der gab sich redselig, ruderte mit den Armen über das Panorama des Lummenauer Tals, schwärmte: „Sehen Sie nur. Eine Landschaft wie Orgelmusik." In Lummenau war es nicht üblich, einem Gärtner der Kartims zu widersprechen.

Selbst gestandene Lummenauer rissen sich darum, Besorgungen für das Halbschloss machen zu dürfen. (Stricknadeln kaufen zum Beispiel, wenn es hier noch welche gegeben hätte.) Doch jede Art Neugier erwies sich als untauglich, die Kontakte endeten an der messingbeschlagenen Tür vor dem muskulösen Körperbau des Gärtners. Nie wurde jemand in das schlosshafte Bauwerk vorgelassen. Ein einziges Mal, bei der Zustellung frischer Brötchen, gelang es dem Boten, mehrere Meter in die räumliche Tiefe des Halbschlosses zu blikken. Weil der Gärtner die Tür einen Spalt zu weit öffnete, wurde etwas großes Blinkendes sichtbar. Monatelang kolportierte man den Gegenstand im Dorf als vergoldete Skulptur des freitoten Hausherrn.

Vielleicht ließ sich das Geheimnis heute lüften.

Der Gast aus Peru hatte mich keine Rede verfassen lassen. Stattdessen orderte er eine Liste von etwas, das es in Lummenau nicht gab: *Crème de la Crème*. Maximal acht Personen sollten zum Kamingespräch ins Halbschloss gebeten werden. Ich empfahl das eingespielte Team der Dorflindenrunde, Kartim aber bestand auf *Crème de la Crème*. Also notierte ich und verwarf. Am Ende stand auf meiner Liste – na was schon? – die Dorflindenrunde: Großbauer Alvermann (wegen *Eigentlicher*), Rikes Vater (wegen Bio), ein Bäcker (wegen Marketing), der Deutschlehrer Strunz (wegen Naivität), die Stückeschreiberin Leipold (wegen Kultur) die rothaarige Sophia (wegen Fremdenverkehr), der Bürgermeister (wegen Höflichkeit), dazu Heini Strabanger (grundlos).

Der Peruaner war einverstanden, strich Alvermann jedoch aus der Liste. Trotzdem gab es am Ende acht Teilnehmer. Kartim hatte den arbeitslosen Politologen eingeladen, nachdem er ihm absichtlich auf der Landstraße nach Horxum begegnet war. („Darf ich Dich einladen?" hatte er den Politologen angesprochen. Berauscht von der Idee, sich satt essen zu können, hoffte Meyer-Falkenstein: „Zum Tagesmenü? Im Dorfkrug?" „Nein, zum Gespräch. Im Halbschloss.")

Ich begleitete die Abordnung auf dem Trampelpfad, der die Strecke zum Halbschloss über gelb und violett durchwachsene Wiesen abkürzte. Gedanken eilten voraus: Unerschrockene stellten sich eine Gipfelkonferenz vor. Andere witterten die Chance, bei den Kartims etwas auszuspähen, womit sich im Dorfkrug prahlen ließ. Ich, der 10 000-Euro-Redenschreiber, glaubte mich eingeweiht. Kartim hatte mir anvertraut, dass es um das *Lummenauer Projekt* ginge. Acht Bürger sollten mitreden dürfen – vorausgesetzt, ihre Ideen liefen Kartims Absichten nicht zuwider.

Wir wurden verfolgt. Nicht direkt Nadelstreifen, drei Männer im gemäßigten Businessdress. Gehörten sie zu Kartims Plänen? Das Verfolgertrio, sie schleppten ein hölzernes Kistchen, kam näher. Wir hörten, dass sie sich in jener Tonlage unterhielten, die in der Bibel *Frohlocken* genannt wird. Schließlich hatte uns die Delegation einge- und dann überholt. Wir beobachteten, wie die Businessmen von Louis dem Gärtner zum vollendeten Teil des Schlosses geführt wurden. Unsere Gruppe dagegen, am Tor zur kiesbestreuten Auffahrt abgefangen, drängte der Gärtner in Richtung jener Hälfte des Halbschlosses, die aus bedauerlichem Anlass unvollendet geblieben war. Dort, im Keller des Torsos, hatte man uns ein fensterloses Zimmer hergerichtet. Plastikstühle in ehemaligem Gelb, ein runder Gartentisch mit Rostansatz, darauf unsortierte Gläser neben einer Flasche des von Redakteuren und Druckern bevorzugten Rotweins aus der Kantine des *Kreisblatts*.

Strabanger und der Politologe waren nicht da.

Ahnungslos, dass die Armseligkeit nicht für uns inszeniert war, warteten wir. Worauf eigentlich? Auf eine Tagesordnung? Auf ein Wunder, einen Korkenzieher? Stattdessen erschien Kartim, aufgeregt, er rollte die Augen. „Imperdonable", beteuerte er auf spanisch, er entschuldige sich. Zur Prozession arrangiert, durften wir in die prachtvolle Hälfte des Schlosses hinüberwechseln. Unvermeidlich begegneten wir den Businessmen. Wie Lieferanten mit hängenden Schultern, obwohl sie der amtierende Schlossherr, Gärtner Louis begleitete, frohlockten sie nicht mehr. Im Vorbeigehen flüsterte Louis mir zu, Frau Daphne erwarte mich später dort, wo wir soeben herkämen. Und dass dies ein Befehl sei.

Unsere Abordnung durfte nun einen schlossgemäßen Salon betreten. Ringsherum Fenster, Luft zum Atmen, gepolsterte Stühle, der Tisch hier war oval, die Gläser erlesen, und statt einer Flasche mit Kantinen-Rotwein standen gleich *zwei* bereit. Heini Strabanger saß auch da, er rauchte. Neben ihm hustete Meyer-Falkenstein.

DAS GESPRÄCH konnte beginnen. Anlass und Gehalt waren später im Internet unter dem Suchwort *Halbschlosskonferenz* zu googeln. Wie nachzulesen, kam es eingangs zu einer kommunalen Verfehlung. Der Bürgermeisten vergaß die korrekte Anspielung auf Ebbe in der Gemeindekasse. So konnte Rodrigo Kartim mit finanziellen Andeutungen vorpreschen. In meinem Blog habe ich, ohne den Datenschutz durch Preisgabe von Namen und Tatort zu verletzen, später ausgeführt:

Offshore – ein Gedächtnisprotokoll
Ein Südamerikaner stellte sich vor, spielte „Mann von Welt". Er verfüge über gewisse Mittel, wenn auch nicht bei einer Offshore-Bank. Dann ein lauernder Blick. Würde jemand ‚Offshore' als einen Wohnort von Strohmännern, als Heimat minderer Finanzmarktaufsicht kennen? Niemand reagierte. Daher folgte eine, freilich konservative, Übersetzung des Begriffs. Offshore, nun ja, so würden Regionen jenseits der Küste genannt, Inseln in internationalen Gewässern, gesunde Seeluft, ehrliche naturverbundene Menschen – Antwort auf Fragen, die niemand gestellt hatte. Um eine falsche Fährte zu legen?

Ehe jemand etwas kapieren konnte, erbat Rodrigo Kartim Vorschläge zur Zukunft Lummenaus. Der Bürgermeister sollte beginnen, winkte aber ab, er fühle sich für Taten zuständig, nicht für Ideen.

Schon schaltete sich der Bäcker ein. Er übertrieb den Schmelz seiner Mozartkugeln. Letztere hätten ihn zu der Idee inspiriert, in Lummenau Festspiele zu veranstalten. Es müsse ja nicht immer Salzburg sein.

Den Hinweis griff Frau Leipold mit dem Vorschlag auf, die Festspiele mit ihrem Stück über die soziale Gesinnung des Horxumer Adels zu eröffnen, der in Zeiten der Not seine Kurtisanen im Wege des Leasing breiten Schichten anbot.

Frau Sophia brachte ein Internetportal ins Gespräch. Virtueller Gottesacker oder Soziales Netzwerk für Haustiere. *In Memoriam Rudi* solle es heißen.

Der Bio- und Frauenversteher, Vater einer Rike und Gatte einer Ute, empfahl den Bau einer Alma Mater für die Belange der biologischen Verhaltensweisen.

„Gemeinderat online", lautete der Vorschlag des Politologen. „Die Welt soll auf uns schauen. Lummenau, von Avataren regiert. Liquid Democracy zum Anfassen."

Strabanger sah Lummenau als geeigneten Sitz eines Instituts zur wissenschaftlichen Erforschung der Erträge von Naivität.

Der Deutschlehrer Strunz schwieg. Ihn hätte sowieso keiner gefragt.

„Nun ja!" resümierte Kartim und hieb auf den Tisch, dass der Kantinenwein in den Gläsern zitterte. „Wir werden es nennen *Lummenauer Projekt.* Und wird es wie Lummenau Dream sein: Schutz vor Zukunft. Alles anders, aber nichts anders." Hier und da öffnete sich ein Mund. Auf einer Bürgerversammlung, löste Rodrigo Kartim die Spannung, würde er für den Vorschlag des Bürgermeisters plädieren.

Das war überraschend. Vor allem insofern als der Bürgermeister ausdrücklich *keinen* Vorschlag gemacht hatte. Kartim bat mit einer Geste, sich und die Gläser zu erheben. „Lummenau wird sein…", er zauderte, die folgenden Wörter musste er von meinem Zettel ablesen, „Lummenau wird sein eine *Globalisierungsfreie Zone*"

Der Bürgermeister, die Hand gehorchte ihm kaum, verschüttete ein halbvolles Glas Kantinenwein. Globalisierungsfreie Zone! Die Augen glänzten feucht. „Eine Bürgerversammlung?" staunte er. „Wann und wo?"

Das würde sich wie von selbst ergeben.

Damit war der Bürgermeister nicht einverstanden. So etwas müsse plakatiert und im Kreisblatt, wenn nicht im Radio angekündigt werden. Sonst käme niemand.

„Leute nicht *kommen* müssen", orakelte Kartim, „Leute werden sein schon da."

Ich hatte es dann eilig und strebte der bruchstückhaften Hälfte des herrschaftlichen Bauwerks zu. Dort, im fensterlosen Kellerraum, warteten eine Dame und drei Businessmen. Wie sich herausstellte, Vorstände der Kreissparkasse, mithin jenes Instituts, das seinen Service in Lummenau auf die stummen Talente eines Geldautomaten reduziert hatte. Man gebärdete sich quietschfidel. Gegen Kantinenwein allergisch und mit den Zeremonien der Begüterten vertraut, hatten die Vorstände reichlich Champagner im Kistchen mitgebracht. Eine Flasche war noch ungeöffnet. Daphne Kartim hatte ihr Abendkleid abgelegt, sie rief gerade „Hoch lebe das *Kreisblatt online.*" Weil aber keiner wissen sollte, worum es ging, regte sie an, die verbliebene Flasche zu köpfen. „Ich brauche Kredit", improvisierte Daphne Kartim ein Finanzgeschäft nach regionalem Geschmack. Dabei hängte sie ihren BH dem dicksten unter den Vorständen dekorativ um den Nacken. Sie plane die Vollendung der vernachlässigten Hälfte des Anwesens, schnurrte sie. Lummenau solle Kultur erhalten. Eine würdige Gedenkstätte für das digitale Schrifttum, einen Ort, an dem die Weltliteratur schlicht *Content*, der Leser ein *User*, der Lektor ein *AdMin* ist, na und so weiter. Der Vorstand zeigte sich der Situation gewachsen. „Genehmigt", lallte einer.

TAGS DARAUF führte der Peruaner eine Begegnung mit dem Bürgermeister herbei. Auf der in Holunder eingewachsenen Bank am selten benutzten Wanderweg nach Horxum scheinheiligte Kartim, es würde eine Bürgerversammlung geben.

„Wie und wo?"

Kartim erklärte es ihm.

„Genial", fand der Bürgermeister.

Vernissage

Die Diskothek des Großbauern näherte sich dem End-
zustand. Am letzten Tag im August, achtundvierzig
Stunden vor der Inbetriebnahme, lud Alvermann die
Lummenauer in seine Disko ein. Eintritt frei. Die nahe-
liegende Floskel *Tag der offenen Tür* erschien ihm unpassend. Es handelte sich ja nicht um einen Tag. Vielmehr
um eine Nacht, und nicht nur die Türen würden of-
fenstehen.

Also lud er zur *Vernissage*.

Trotzdem kamen Hunderte. Nicht die Jüngeren, die
waren diskomäßig auf das Kloster in Horxum fixiert. Die
Älteren rückten umso lieber an. Zu dritt, zu viert, Frauen
im kleinen Schwarzen mit Kniestrümpfen, die Anzüge
der Männer in ‚gedeckten‘ Farben wie zum Kirchgang.
Feierlichkeit und Verlangen ergossen sich in den zur
Disko frisierten vormaligen Unterstand für Landmaschi-
nen. Jedermann kam in Erwartung der Exzesse, die bei
Festlichkeiten im Ort gebräuchlich und noch nicht durch
getwitterte Kommunikation ersetzt worden waren.

Die drei Vertreter der Medien waren vollständig erschienen. Sie sollten dokumentieren, dass die Lummenauer hinter dem Projekt standen. Das regionale Pri-

vatradio, *Voice of Horxum – FM 93,1*, hatte eine Reporterin geschickt. Eben erzählte sie ihrem Mikrofon von der Pracht der Dekorationen und vom Wohlgeschmack der Leckereien auf dem Buffet. Sie sprach professionell und so atemlos wie es in einer dörflichen Online-Disko und im Angesicht eines noch verdeckten Buffets möglich ist. Der Volontär vom Kreisblatt hatte den Laptop und einen Fotografen mitgebracht. Lieber hätte er vom Tatort eines Lustmords berichtet. Aber es ging nur um Lust.

Der Großbauer konnte aufatmen. Weit und breit keine Spruchbänder. Niemand protestierte. Auch die örtliche Geistlichkeit nicht.

Der neue Pfarrer war schon da. Vor wenigen Wochen erst nach Lummenau versetzt, war er mindestens so interessant wie das neue Kleid der Frau Alvermann. Der neue Pfarrer schien Älter als sein Vorgänger, sah aus wie der liebe Gott in der Darstellung durch Michelangelo und hieß Kant, dem er sich verpflichtet fühlte. Einem aufklärerischen Verbraucherschutzminister gleich, der den Eröffnungsrundgang zu einer Computermesse absolviert, ließ sich der Geistliche den Sinn einer Diskothek einschließlich der unter der Decke rotierenden Diskokugel erklären. Die E-Mail von Tisch zu Tisch, selbst die bereithängenden Tastaturen und die in die Tischplatten hinter stabilem Glas eingelassenen Bildschirme fanden seine Aufmerksamkeit. „Amüsant, diese historische

Technik", meinte er. „Zu meiner Zeit hatten wir allerdings schon richtige Tischtelefone." Den Gebrauch der Feuerlöscher ließ er sich ebenso erläutern wie den Job eines haarlosen Menschen, der als DJ vorgestellt wurde.

„Diii-Dschää?" Den Namen hatte der Pfarrer nie gehört. „Sie haben Migrationshintergrund, mein Sohn?" vermutete er.

Der DJ hieß in Wahrheit Gotthold Lau. Ihm war der Job eines Pfarrers so wenig vertraut wie dem Pfarrer der eines DJs. So quälte sich der Lau etwas Gelächter aus der Kehle und wies nach hinten ins Fachwerk: „Nee Opa, mein Hintergrund ist bepinselt wie alles hier. Nix Migration. Balken blau, Lehmwände gelb."

Ich war zur (Disko-)Vernissage gekommen, um die von mir verfasste Begrüßungsrede zu genießen. Auch erwartete ich mir Rückschlüsse auf die Wirkung der Schwesterrede in Bad Segeberg. Womit ich nicht gerechnet hatte: Der Pfarrer wurde mir zugeteilt, ich hatte ihn quer über die Dekoration am Honoratiorentisch zu unterhalten. Um diesen Tisch gruppierten sich im weiteren Verlauf der Bürgermeister, der Eigentliche, der eigentliche Eigentliche, diverse Gemeinderäte und – in Vertretung von Frau Dr. Daphne Kartim – der Gärtner des Halbschlosses. Auch der Politologe, trotz seiner finanziellen Defizite immerhin Akademiker, durfte unter den Honoratioren Platz nehmen. Ehe es zu vertiefenden Gesprächen kam, erkundigte sich der Pfarrer bei mir einfühlsam nach dem Befinden der Rike. Offenbar hatte er die Dossiers auf der Festplatte seines Vorgängers gefunden. Ein Eindruck, der sich vertiefte, als er den Politologen seelsorgerisch befragte, ob er überhaupt noch Ersatzteile für seinen Computer bekäme. Erst dann, der DJ hatte begonnen, die schärferen Scheiben aufzulegen, erörterte der Pfarrer mit uns die sensible Frage, ob die Zukunft bereits vorbei sei. Er vertrat dazu eine untheologische Meinung. Etwa so: Die Zukunft sei längst verdorben. Zunehmend würden Taten begangen, Irrtümer vollzogen, Reden gehalten, technische Erfindungen gemacht, die die Zukunft nicht nur beeinflussten, sondern vorausschauend zerstörten.

Mit einem Stuhl bewaffnet und einem Fremden im Schlepp, näherte sich jetzt der Großbauer dem Honoratiorentisch. Stuhl und der Fremde wurden neben mir einsortiert. „Der Herr heißt Conrad", sagte Alvermann. „Mit Vornamen ebenfalls. Herr Conrad hatte die großartige Idee, meine Disko mit Online-Technik auszustatten." Als Tischnachbar war Conrad dann nicht sonderlich gesprächig. Er suchte häufig die Herrentoilette auf. Gemunkelt wurde, das habe nichts mit Inkontinenz, umso mehr mit der Online-Technik zu tun. Tage später erwies sich diese Annahme übrigens als goldrichtig.

Die Online-Zugabe der Disko traf zunächst nur zögerlich den Geschmack der Gäste. Auf klassische Ausschweifungen fixiert, konnten sie einem Vorspiel, das auf digitaler Technik beruhte, wenig abgewinnen. Nicht einmal 700 Kilobyte in drei Stunden wurden genutzt. Erst mit der Durchsage des DJs, dass es sich bei *online* um eine Wesensform aus dem Reich des Internets handelte, wurde Neugier geweckt. „Internet?" vergewisserte sich der Geistliche angeekelt. „Nein ein *Intranet*", beschwichtigte der Großbauer. „Ein nicht öffentliches Datennetz. Vom lateinischen *intra* für *innerhalb* abgeleitet."

„Ahh, Latein", lobte der Geistliche.

Im Gegensatz zum Tischtelefon von dazumal sollte die Online-Installation nicht der banalen Anbandelung von Tisch zu Tisch dienen. Vielmehr sollte, so hatte es der Conrad dem Alvermann schmackhaft gemacht, die Miniatur eines Sozialen Netzes abgebildet werden, ein Westentaschen-Facebook sozusagen. Jetzt lernten die Alten am praktischen Muster.

Der Politologe gab Hilfestellung zum Verständnis, wobei er mehrfach das Wort *Netzkultur* gebrauchte: Man benötige keine Journalisten mehr, um Skandale anzuzetteln, keine Sonderkorrespondenten, um Gerüchte in die Welt zu setzen. *Do-it-yourself* sei angesagt, um endlich alles selber rauszulassen. Im Netz könne man unbefangen, ohne Betracht von Rechtschreibung und Schicklichkeit verbal entgleisen, dürfe anonym und beliebig unanständig sein, unbekannten Freunden blindlings folgen und sich zugehörig fühlen. Mobbing, Propaganda, Liebesgeflüster,

Verleumdung – alles sei erlaubt. Einfach deshalb, weil niemand angemessen einschreiten konnte…

Da wurde der Politologe unterbrochen, Lichtblitze schossen ins diskohafte Geschummer. Bodo Alvermann, in Begleitung des Bürgermeisters und eines Mikrofons, baute sich vor dem nicht mehr ganz kalten Buffet auf. Alvermann machte eine Verbeugung zum Zeichen, dass geklatscht werden sollte. Dann las er seine (meine) Rede vor, großbäuerlich die Lautstärke, wohltäterisch die Gestik. Am Ende applaudierten auch Zuhörer, die nicht zugehört hatten, sie gaben ihrer Genugtuung Ausdruck, essen und trinken zu dürfen. Etwa zwölf Meter Buffet waren aufgetürmt und ab sofort zugänglich.

Im Gedränge um Shrimps und Freibier stand zögerlich eine Frau. Sie benahm sich wie ein Mädchen. Nicht gerade unschuldig, aber unerfahren – jedenfalls im Nahkampf am Buffet. Mitte Zwanzig, Strumpfhose dunkelblau, der helle Pullover lang genug, um einen Rock zu erübrigen. Außer dem leeren Teller hielt auch sie ein Mikrofon, also vermutete ich die Reporterin vom Privatradio. Sie sah mich, taxierte mich, der zupackende Blick erschien mir bekannt. Woher nur? Jetzt kam die Mädchenfrau sogar auf mich zu: „Schade", rief sie in den Saal und lachte. „Frühstück haben sie nicht."

Frühstück?

Lilly! Meine Biografie erstarrte zur Liebesgeschichte.

Aber die musste noch warten, denn zunächst tauchte Rike auf. Sie hatte sich mit ihrem durchsichtigsten Dress entkleidet. Nach Schnitt und Material hätte sie eigentlich kein Kleid gebraucht. Alle sahen Rike an. Die aber sah mich, ergriff mich. Küsste mich. Und Lilly war dann weg.

PLÖTZLICH STAND er auf einem Tisch: Der Kartim. Er hielt (m)ein Manuskript in der linken Hand, in der rechten ein gebrauchtes Taschentuch. Grußwort aus Südamerika? Der Großbauer lehnte sich geschmeichelt zurück, fühlte internationales Flair und ließ sich in die zweite von mir verfasste Rede des Abends sinken. „Willkommen auf der Bürgerversammlung", überraschte Kartim die Anwesenden. Wenn er ablesen konnte, geriet sein Deutsch virtuos. „Heute wird es geschehen", las er weiter. „Heute, in dieser Nacht, werden wir eine prosperierende Zukunft für Lummenau beschließen." Sparsamer Applaus, die wenigsten wussten, was *prosperierend* heißt. „Lummenau", Kartim hob jetzt die Stimme auf Verkündigungsniveau, „Lummenau wird zur Globalisierungsfreien Zone. Diesen Vorschlag verdanken wir unserem Bürgermeister. Sein Vorschlag klingt... ähhh", Kartim stockte, er hatte die Rike in ihrem Nicht-Kleid erblickt und den roten Faden in meinem Manuskript verloren. „...progressiv. Und es wird das reinste Oktoberfest", half ich durch Zuruf. „Oktoberfest", sagte Kartim und lächelte unsicher. Das Wort reichte, um bei den Zuhörern Begeisterung loszutreten. „Der Weg", schwamm Kartim nun wieder im Redefluss, „der Weg in eine laute, globale Ellenbogengesellschaft scheint alternativlos. Wir aber, wir in Lummenau sollten das nicht bedauern. Denn so ist ein Bedürfnis entstanden, das wir befriedigen können." Unruhe, Applaus. Diesmal war es das Wort *befriedigen*, das Beifall auslöste. Es folgten Sätze, die ich in Kartims Auftrag formuliert und später im Netz verewigt habe:

Unbeschränkt informierbar
Wirtschaft, Wissenschaft und Politik haben den Leuten eingeredet, sie seien nützliche Glieder der Gesellschaft, sobald sie verfügbar, anpassungsbereit, flexibel und unbeschränkt informierbar seien. Immer häufiger aber sehnen sich die Menschen in die so genannte heile Welt zurück. Genau das kann Lummenau bieten. Wir werden es das Lummenauer Projekt nennen. Tausende werden die Sehnsucht, ja den inneren Drang verspüren, wenigstens einmal im Leben nach Lummenau zu pilgern und hier ihr Geld auszugeben.

Seine Ansprache ließ ich Kartim mit einem kecken Vergleich enden: „Lummenau wird der Globalisierung widerstehen, liebe Freunde, wie jenes kleine gallische Dorf, das dem römischen Imperium und Cäsar trotzte." Dabei neigte Kartim seinen Mund zu meinem Ohr. „Das gut. Das aufschreiben." Er hatte vergessen, dass ich es bereits geschrieben hatte. Abschließend, aber da hörte kaum noch jemand zu, ließ Kartim über das Lummenauer Projekt abstimmen. Aus Unkenntnis wie in einem richtigen Parlament (oder damit Tausende ihr Geld in Lummenau ausgäben) stimmte die Bürgerversammlung zu. Fast einstimmig, nur Heini Strabanger enthielt sich der Stimme. Er war eingeschlafen.

Kartim dankte noch für meine Bereitschaft (von der ich bis dahin nichts wusste), ein Protokoll über Inhalt und Verlauf der Bürgerversammlung anzufertigen.

Da hatte der Bürgermeister, was den Lokalpolitiker auszeichnet, nämlich Bedenken. „Wollen Sie unser schönes Dorf zum Museum machen?" rief er vom Prominententisch aus.

Kartim erhob, entfaltete sich. „Niemals. Wir werden Lummenau zu dem machen, was es immer war." Einer solchen Logik mochte sich keiner, nicht einmal der Bürgermeister verschließen.

Die Vernissage konnte fortgesetzt werden. Mit Ausschweifungen vertraut, von Likör und anstößigen E-Mails befeuert, tanzten die Gäste. Nicht nur auf den Tischen wie sie es beim Feiern immer taten, sondern – dank bruchsicherem Glas über den Bildschirmen – auf den Einlassungen der Nachbarn. Sie feierten bis sie nicht mehr wussten, dass sie feierten. Der Pfarrer segnete im Stillen das Diskotreiben. Vielleicht erschien es ihm als zeitgemäße Pflege dörflichen Brauchtums. Großbauer Alvermann aber fühlte sich betrogen, seine Disko missbraucht, entweiht. Er hätte sich, ließ er mir gegenüber durchblicken, den Einstand gesitteter gewünscht. „Auch eine Disko hat eine Würde." Dachte er.

Ich langweilte mich bereits. Weil die Rike einen ihr gemäßen Platz auf dem Schoß des DJs gefunden hatte. Und weil Lilly nun schon seit einer halben Stunde auf dem abgegrasten Buffet tanzte. Trotzig, denn niemand nahm Notiz von ihr. Selbst der Pfarrer, der gegen Mitternacht vom Weizenbier zum Eierlikör übergegangen war, ließ sich nicht von ihr stören. Ich ging zu ihr und erbot mich, sie nach Hause zu begleiten. Lilly war dagegen. Außerdem war sie betrunken. Na ja, angetrunken. Erst dieser grünliche Cocktail, dann hatte sie mehrere Weine probiert, zum Schluss auch die roten und den Eierlikör.

Irgendwie konnte ich sie dann doch überzeugen. Wir durchwankten die Angerstraße. Mehrmals. Lilly hatte vergessen, wo sie ihr Auto geparkt hatte. Wir fanden es, und zwar direkt vor meinem Tempelhaus. Lilly gab mir den Schlüssel. Sie setzte sich nicht, sie legte sich, hinten auf die Rückbank. Ich fragte Lilly, ob ich sie nach Hause fahren solle. Wenn ich müde bin, neige ich zu überflüssigen Redensarten. Lilly war, logisch, dagegen. Es sei zu früh, sagte sie.

„Zu früh für was?"

„Egal."

„Wirklich?"

„Fahr irgendwo hin. Ich halte die Augen geschlossen und werde in mich gehen."

„Verlauf dich nicht", lachte ich noch.

Sie nahm das wohl ernst. „Mein ICH ist zu klein, um sich darin zu verlaufen."

Was blieb mir übrig? Ich lud mir die Lilly auf die Schultern und brachte sie in mein Bett. So hatte unsere Begegnung ein Nachspiel. Allerdings nur in Gestalt eines Vorspiels.

Wir waren einfach zu müde.

AM MORGEN WOLLTE ich meine schöne Müdigkeit nicht aufgeben. Immerhin, ich streichelte Lilly. Nach einer Weile wehrte sie sich. „Zärtlichkeit erlaube ich ein andermal", sagte sie. Wir verabredeten uns. Ich sollte ein Auto leihen. Sie würde den Picknickkorb bestücken und Salbe gegen Mückenstiche mitbringen.

Parole

Der zeitgemäße *nicht offen ermittelnde Beamte* (noeB) umgeht gern Schwierigkeiten, insbesondere mit seiner Identität. Zum konspirativen Rüstzeug des noeB gehört daher der Gebrauch von Kennwörtern oder Parolen. Mit ihrer Hilfe und wenn es die sogenannte Lage erfordert, offenbaren sich Geheime untereinander.

Jener noeB, der seit Kurzem den Bestand des Staates direkt von Lummenau aus sicherte, hatte für die Wahl von diskreten Parolen eine fortschrittliche Methode gefunden: Er googelte. Für seinen jüngsten Einsatz hatte er sich als Parole die extrem selten vorkommende Sequenz *Woher kennen Sie meinen Schwager* ergoogelt. Zugegeben, dieser Satz versprach endlose Sicherheit.

IN DER KÜCHE DER PENSION SOPHIA ging es morgens eng zu. Die Inhaberin, eine überlebensgroße Skulptur des Hundes Rudi, dazu Obst, Spiegeleier, Croissants, Müsli für die Vermieterin und zwei Gäste teilten sich den spärlichen Platz.

Heute dazu ich. Mein Besuch war dienstlich. Kartim, der Peruaner, hatte mich beauftragt, Näheres über den gedachten Beitrag der Sophia zur wirtschaftlichen Gesundung von Lummenau zu erfahren. Eben hatte ich mir erste Notizen zu einem virtuellen Friedhof gemacht, da wurden wir von Geräuschen abgelenkt. Sie kamen aus dem Lüftungsschacht, der neben der Spüle verlief. Es knarrte und klickte. Frau Sophia bedeckte ihre Lippen mit einem energisch gestreckten Zeigefinger.

Mit konspirativen Umständen vertraut und in Kenntnis des Verlaufs der Lüftung (zwischen Backstube unten und Dachstuhl oben) war mir klar, jemand saß auf der Bettkante (daher das Knarren), wo er einen Rapport tippte (daher das Klicken). Dazwischen war Türanklopfen zu hören. So zart wie eigentlich nur verdeckte Ermittler zu klopfen verstehen, wenn sie ausschließen wollen, dass sich jemand hinter der betreffenden Tür aufhält. Das Feingefühl wurde missdeutet. Wir vernahmen ein lebenshungriges „Herein". Anschließend, ernüchtert im Tonfall, die Begrüßung eines männlichen Besuchers.

Frau Sophia und ich hörten dann mit, wie es zwischen einem nicht offen ermittelnden Beamten und einem sämigen Mobilfunkspezialisten zur Kumpanei kam. (Siehe 2. Akt im Reigen der Missverständnisse: B irrt sich in C.) Überzeugt, dass er mit seinem Auftraggeber Kartim sprach, erstattete Conrad einen umfassenden Bericht, der mir irgendwie bekannt vorkam. Von Alvermann sprach er, einem Blödmann, der sofort zustimmte, das Konzept einer dörflichen Disco zur Online-Disko zu erweitern. Auch die Installation der erforderlichen Technik in einem unbenutzten Abteil der Herrentoilette habe Alvermann akzeptiert. Nachträglich hielt Conrad dies für ein nützliches Verhandlungsergebnis. Denn direkt hinter der Mauer des Toilettenraums ließe sich sein Wohnwagen parken. Simples WLAN stellte den Kontakt her.

Nacktes Staunen entwich nun dem Lüftungsschacht. Der noeB kannte ja weder günstig gelegene Herrentoiletten noch einen Blödmann namens Alvermann. Gab es, fragte er sich spontan, außer dem Lummenauer Projekt vor Ort auch noch Herrentoiletten mit drahtlosem Zugang? Ein Sumpf von Verrat, vermutete der noeB, freute sich auf seinen nächsten Tagesbericht und wechselte die Taktik. Wir, Frau Sophia und ich, belauschten jetzt eine geläufige Variante des Gesprächs unter Männern: Ein Verhör nämlich. Der noeB verlegte sich dabei auf *taktisches Säuseln*. Das sollte Widerspruch herausfordern, den Gesprächspartner auf Rechtschaffenheit testen. Eine Provokation jagte die folgende, im Staccato legte der noeB geistigen Zündstoff nach. Die Regierung – politische Demenz. Die Banken – reine Spielhöllen. Berufspolitiker – beklagenswert unwissend. Was eben in den Zeitungen so steht. Schließlich und peinlich glitten die Bemerkungen ins Persönliche ab: „Der Innenminister ist ein Dummkopf", äußerte der noeB. Das traf zwar zu, missfiel aber dem Telefonmann. Denn er fragte: „Woher kennen Sie meinen Schwager?"

Großes Schweigen aus dem Lüftungsschacht.

„Ach... *Sie* sind das?" Der noeB bestand darauf, sich das gleich gedacht zu haben. „Mobilfunker! Welch eine Legende", schwärmte er. „All dieses Fachchinesisch auswendig zu lernen! Und erst Ihr Gang, diese sämigen Bewegungen. Perfekt!"

Der Mobilfunker verstand nun seinerseits nichts. „Glauben Sie mir etwa nicht, Señor Kartim?"

Wie schon bei seiner ersten Verwechslung mit diesem Kartim (A irrt sich in B) war der noeB auch jetzt clever genug, den Conrad im Glauben zu lassen, womöglich ein Señor zu sei. Erst recht, als Conrad jetzt den vermeintlichen Señor Kartim in sein ‚Spielmobil' einlud. Dort lägen die Beweise.

Sophia hatte alles mitgehört. Für drei Minuten war sie entsetzt. „Das ist doch gar nicht der Señor Kartim", flüsterte sie. Ich nahm mir vor, die Sache für mich zu behalten.

ÜBRIGENS: NUR wie hier geschildert und nicht wie auf der Homepage der für noeB's zuständigen Gewerkschaft behauptet, kam es im weiteren Verlauf zu der vertraulichen Hinrichtung.

Mobiles Gefängnis

Morgen ohne Röte. Die Sonne hatte ihre Chance ver-
passt. Erst später entschied sie sich zu scheinen. Kräftig
genug, dass ihre Wärme wie ein Echo bis in den späten
Abend tönte.

Davon später.

Jedenfalls mussten wir auf unserem Ausflug nicht frieren.
Auch nicht hungern oder dursten. Lilly hatte einen Picknickkorb komponiert. Frühstück, kicherte sie. Ich mimte
Begeisterung, obwohl ich Picknicks langweilig fand, dazu
unfair gegenüber frisch gereinigten Hosen.

Lilly aber freute sich. Nur das zählte. Es roch herbst-
lich, kuschelig. Seit der Vernissage in der Disko, seit dem
nachspiellosen Vorspiel hatte ich über Lilly nachgedacht.
Auch über Nachspiele. Spätere Liebe nicht ausgeschlos-
sen.

Ich hatte mir den VW Golf des Politologen geliehen.
Bevor wir in den sehr frühen Morgen fuhren, es war
noch dunkel, wollte ich das Schiebedach öffnen. Lilly war
dagegen. Nein, keinen Himmel bitte. Da bekäme sie
Angst. Ich nahm das nicht ernst und gab Gas, die Angst
und die Lilly neben mir. Sie kramte die Weinflasche aus

dem Frühstückskorb, verbrauchte einen Schluck pro Kilometer, wechselte das Thema je Meilenstein, plapperte, lächelte mich zaghaft an, überlegte. Nein, sie sei nicht oberflächlich. Im Gegenteil. „Ich bin alles mit tief, musst du wissen. Intuitiv, alternativ, produktiv, sensitiv, kreativ. Konjunktiv." Da lachte sie endlich wieder.

Bis Mittag würden wir zurück sein. Dienstlich. Lilly als Teilnehmerin, ich als Organisator einer Pressekonferenz (!) in Lummenau.

Am Waldrand, Brombeergesträuch, hohes Gras und Tautropfen, breiteten wir die zum Picknicken unverzichtbare Decke aus. Mich machen Decken in freier Natur müde, dazu der laue Wind, das Rauschen der Bäume, eine Nase voll Ewigkeit. Wir streckten uns hin. Picknick vor Sonnenaufgang. Lilly schloss die Augen, rollte sich auf den Bauch. Sie fürchte sich, ins Unendliche zu schauen.

„Du könntest dich festhalten." Ich hoffte, sie suchte einen Grund, sich bei *mir* festzuhalten.

Statt dessen kam Astrophysik: „Hast du dir jemals klar gemacht, dass die Erde, einfach so, nirgendwo festgeschraubt, als Planet im Nichts herumschwebt. Einem Nichts, das sich anmaßend *das All* nennt? Wo soll sich einer da festhalten?"

„Du vergisst die Schwerkraft, dunkle Materie, Gottesteilchen und so. Man hält sich nicht fest, man wird gehalten"

„Gottesteilchen?" Sie habe mal ein Plakat gesehen, Reklame für Kreditkarten, da konnte man es sehen: Die Erde, frei schwebend im Universum. Lilly drehte sich nun doch herum. „Wusstest du, dass das Universum pechschwarz ist?" Ich betete, dass sie nach Nähe suchte.

„Das ist wegen der Sterne", sagte ich. „Warum legt der Juwelier teure Sachen auf pechschwarzen Samt? Natürlich, um sie noch teurer zu machen. Es funkelt besser. Vermutlich kennt der Himmel den Trick."

„Du meinst, das sei ein Trick?" kicherte Lilli. „Der Schöpfer ein Trickser?" Dann wurde es still. Immer stiller. Wir befassten uns nämlich – mit dem Himmel. Wolken zogen herauf und Tageslicht.

„Es ist soweit", sagte Lilly plötzlich. „Du musst mich jetzt an den Füßen packen und hinter die Sträucher schleifen." Sie sah mich sonderbar an. „Du bist der Erste, von dem ich echt geschleift werden möchte."

Ich schleifte.

Auf Moos und ein paar Ameisen gebettet, wären wir fast in den bekannten Zustand *Waldlichtung* gefallen…

Ich hatte das Gefährt zuerst gesehen. Im Mischwald, keine zweihundert Meter entfernt, parkte ein militärisch lackierter, mit Antennen bespargelter Wohnwagen.

Seriös war an Orgasmus jetzt nicht mehr zu denken.

Ersatzweise schlichen wir uns an. Das heißt, Lilly schlich sich an. Ich folgte ihr mit Abstand und ohne

Überzeugung. Der Wohnwagen schien bewohnt. Aus einem Bullauge drippelte Licht ins Morgengrau, manchmal stöhnte die Federung, als wenn Personen im Inneren herumliefen. Sobald wir uns auf etwa zehn Meter genähert hatten, hörten wir Stimmen. Lilly konnte nicht anders, sie schlich bis an das Bullauge, sah hinein. Sie winkte energisch, ich aber hielt mich lieber in der Etappe auf. Da zischelte sie, laut, damit es auch in der Etappe zu hören war: „Ich glaube, das sind die beiden Typen aus der Pension Sophia." Ich war spontan beunruhigt. Lilly spurtete in die Obhut meiner Arme. Was nun geschah, konnten wir nur hören. Nacheinander verließen zwei Personen das Fahrzeug auf der uns abgewandten Seite. Männliche Stimmen, von Spesen war die Rede, vom Dorfkrug und von Champagner. Lilly entklammerte sich bei mir. „Hast du gehört?"

„Sie wollen mit Champagner feiern."

„Quatsch. Sie haben vergessen, die Tür zuzuschließen. Es hat nicht geschlüsselt." Lilly war so begeistert, dass sie auf Zehenspitzen über den Waldboden verschwand, um mich, zuvor klapperte eine Tür, im nächsten Moment durch das Bullauge anzulachen. Oder auszulachen? Mit einer Geste, unmissverständlich, befahl sie mir hereinzukommen.

Leider gehorchte ich.

Viel war nicht zu sehen. Lilly beugte sich über eine Art Schreibtisch. Sie versuchte herumliegende Papiere zu lesen. „Ich werde dich streicheln", sagte Lilly. „Da! Fühlst du? Da und dann da und immer wieder da. All meine Zärtlichkeit. Du wirst sie mit Lust beantworten... Muss ich das weiterlesen?"

„Ach", etwas enttäuscht war ich schon, „du hast nur gelesen?"

„Lauter so frivoles Zeug liegt hier rum. Jemand übt wohl, säuische Dialoge zu schreiben."

Plötzlich Schritte.

Offenbar kehrten die Besitzer des Wagens und der anzüglichen Dokumente zurück. In Panik und weil sich sonst nichts anbot, versteckten wir uns unter dem Schreibtisch. Erstaunlich, wie viel Mensch unter ein derart kleines Möbel passt. Der Rest war Hörspiel. „So ein Leichtsinn", wir wussten nicht, wer gemeint war. „Alles sperrangelweit offen. Und der Schlüssel steckt!" Dann wurde die Tür zugeworfen.

Diesmal schlüsselte es.

Stille kann so unglaublich still sein. Auch, wenn sie nicht mehr im Dunklen stattfindet, sondern im Morgenlicht, das durch ein Bullauge hereinschaut. Eine Falle, wir saßen darin.

Lilly stellte genau die Frage, die auch mir ab sofort durch den Kopf ging. „Was wird jetzt aus deiner Pressekonferenz?"

Publicity aus der Krippe

Rodrigo Kartim hatte nichts anbrennen lassen wollen. Um seinem ‚Projekt' ergänzende Publicity zu verschaffen, hatte er mich beauftragt, ohne Verzug eine Pressekonferenz zu organisieren und mit Reden zu betexten.

Von einem verschlossenen Wohnwagen aus?

Ich versuchte, mich selber zu trösten. Zum Glück waren die Vorarbeiten weit fortgeschritten.

Der Gemeinderat, den ich zunächst von Kartims Absicht informierte, war mit der Ungeheuerlichkeit einer Pressekonferenz derart überfordert, dass er sofort zustimmte. Freilich mit den üblichen kommunalen Vorbehalten: Keine Kosten, außer vielleicht für einen roten Teppich, und nur ortsübliche Mittel und Kräfte dürften eingesetzt werden. Einschränkungen, die sich im Nachhinein als weitsichtig erweisen sollten. Denn Sparsamkeit, der Zwang, kostenlose Räumlichkeiten und Getränke sowie ortsübliche Kräfte zu einzusetzen, führte zu bizarren Lösungen. Bizarr genug für den Sprung auf die Titelseiten: Die Veranstaltung würde in einem Stall stattfinden müssen. Und eine unbezahlte Empfangsdame würde die Presse in fotogenem Outfit empfangen.

Zwei personelle Vorschläge hatte ich hierzu. Lilly und Rike. Lilly hätte die journalistische Erfahrung gehabt. Sie bestand jedoch darauf, Gast zu sein und nicht Gastgeber. Also kam Rike zum Zuge. Sie solle sich etwas Nettes anziehen. Mehr brauchte man ihr nicht zu sagen. Rike wusste, was nett an ihr war.

Bei der Formulierung der Rede hatte sich die Frage ergeben, wer sie überhaupt halten dürfe. Da kam mir, wer sonst, Frau Leipold zu Hilfe. Per Zufall trafen wir uns, Cappuccino schlürfend, in der Unteren Angergasse und kamen auf das Lummenauer Projekt zu sprechen. „Ein Dorf zur Ausstellung von Vergangenheit?" Frau Leipold hatte lächelnd zugehört. Auch sie hätte die Vergangenheit ins Auge gefasst. In ihrem neuen Stück weigere sich die Gegenwart zur Vergangenheit zu werden. „Das Problem löst dann der alte Platon", zwitscherte Frau Leipold. „Denn er überredet Gott…" Ich habe nicht weiter zugehört. Die Erwähnung des griechischen Philosophen inspirierte mich. Platon nämlich hatte den Dialog als die angemessene Form der Erörterung anspruchsvoller Themen erkannt. Also ließ ich die Rede als Zwiegespräch zwischen dem Bürgermeister und dem eigentlichen Eigentlichen vortragen.

Mehrfach waren die Vorbereitungen zur Pressekonferenz durch Anrufe gestört worden. Der Landrat, ein Staatssekretär, eine streitbare Tierschützerin wollten eingeladen werden. Der Ministerpräsident ließ durch sein

Vorzimmer Redezeit reservieren: Nur kurz, maximal vierzig Minuten. Und wo die Pressekonferenz überhaupt stattfände. In Lummenau? Aha. Wo liegt das bitte? Ach so. Und wo da? Im Stall? Aha Bio. Die Absage aus der Landeshauptstadt kam kurzfristig. Eine Praktikantin aus der Staatskanzlei würde den MP vertreten.

ABGESEHEN DAVON, dass ich nicht erscheinen konnte, verlief alles nach Plan. Um die Begebenheit trotz Abwesenheit in meinem Blog würdigen zu können, zitierte ich einen teilnehmenden Journalisten. Hier sein Bericht – eigentlich nur eine Bildunterschrift:

„Vorausgesetzt, sie hatten das Nest überhaupt gefunden, wurden die Berichterstatter in Lummenau mit der Ansicht einer jungen Dame belohnt (siehe großes Foto oben). Die Eleganz ihres Kleids war derart unauffällig, dass sie auch ohne Kleid hätte auftreten konnen. Zur Begrüßung servierte sie Milch (von der unter Journalisten wenig bekannt ist, dass man sie trinken kann). Die Pressekonferenz begab sich nicht in einem der üblichen Säle unter Kronleuchtern, sondern im Stall. Man sollte wohl an Christi Geburt denken. Hinter dem aus Strohballen improvisierten Rednerpult, stellten der Bürgermeister und ein Apotheker im Duett das ‚Lummenauer Projekt‘ vor, eine ‚Globalisierungsfreie Zone‘. Der Ort Lummenau, man wird sich den Namen merken, will der Welt ein Gedächtnis sein. Wer interessiert ist, wie man früher lebte, soll kommen. Nächsten Sonntag. Man darf gespannt sein.“

Würde tatsächlich jemand so gespannt sein, dass er die Vergangenheit besichtigen wollte? In Lummenau?

Vertrauliche Hinrichtung

Hunderte Lummenauer strömten zur Dorfmitte, auch Kinder. Waren die kurzweiligen Zeiten der öffentlichen Hinrichtungen wiedergekehrt? Tatsächlich entspann sich eine Hinrichtung – die Hinrichtung eines noeB. Was freilich niemand sehen oder wissen konnte, weil bei Geheimen standesgemäß hingerichtet wird, streng vertraulich.

Ehe ich auf Details eingehen kann, ist nachzutragen, *dass* und *wie* wir, die Lilly und ich, unserem mobilen Gefängnis entkamen:

IM WOHNWAGEN WAR, gefühlt, eine Ewigkeit vergangen. Eingepfercht in den spärlichen Beinraum unter einem Tisch im Campingformat, erschien uns selbst Schweigen zu laut. Lilly war es schließlich, die ihr Leben riskierte. Sie streckte den Kopf heraus, sah sich um und erstattete Bericht: „Da steht eine Liege."

Wahrscheinlich dachten wir das Gleiche.

Im selben Augenblick hörten wir dieses merkwürdige Geräusch. Eine Maus? Wir erschraken. Oder ein Wolf, der uns, sein Futter roch? Eine verschwörerische Apparatur, die uns beobachtete?

Wir verharrten unter dem Tisch. So eng beieinander, dass wir quasi unseren ersten Sex hatten. Im Geiste jedenfalls, virtueller Sex, immerhin war uns nicht langweilig. Zugleich wurde klar: Ich war der Mann, wenn nicht den Ritter, hatte ich zumindest den Retter zu spielen.

Also entzog ich mich dem gefühlten Beischlaf, tauchte behutsam auf und inspizierte die Falle, in die wir getappt waren. Ein Schlupfloch zur Flucht? Das Bullauge war viel zu eng. Keine Dachluke. Allerdings, ein Handy vom Kaliber *Smartphone* lag herum. Ich gab es Lilly. „Kennst du Telefonnummern, die uns hier rausholen?" Sie schüttelte den Kopf.

Stunden vergingen, wir trauten uns auf die von Lilly entdeckte Liege. Lilly hatte natürlich das Smartphone sofort eingeschaltet. „Hier ist ein Video", kicherte sie. „Sieh doch... Da bist *du* ja! Und dein Peruaner."

Unglaublich, auf dem Bildschirm des Smartphones ereignete sich die Bevölkerung von Lummenau. „Wie hast du das gemacht?" fragte ich. Mit Smartphones kannte ich mich nicht besonders aus.

„Das Ding ließ sich einschalten, ohne nach einer Geheimnummer zu fragen."

An diesem Tag kam sowieso alles anders. Eher nebenbei entdeckte ich gerade, dass die Tür ins Freie von innen zu entriegeln war, ohne Schlüssel. So hausbacken konnte Befreiung sein. Nichts wie weg.

„Schau doch mal...", Lilly war beschäftigt.

„Wir müssen verschwinden", wehrte ich ab.

„Nun schau doch mal." Lilly wollte das Video sehen.

„Vielleicht bin ich ja auch drauf!"

„Lilly, bitte!"

„Ich könnte das Video hochladen und zu Hause… "

„Meinetwegen. Aber mach schnell." Nach dem Übertragungsvorgang wischte ich mögliche Fingerabdrücke auf dem smarten Phone an meiner Hose ab.

Wir schlichen dann zurück zu unserem Rastplatz. Inzwischen war nicht nur das Universum pechschwarz. Der Golf des Politologen, ein gefüllter Picknickkorb, Lillys Schleifspur, alles noch da. Der Kaffee aus der Thermoskanne war lau, schien aber zu wirken. „Schleif mich noch mal hinter die Sträucher", wünschte sich Lilly, änderte aber sogleich ihre Absichten, sie habe gewaltigen Appetit. „Auf dich erst später." Also löffelten wir nachts Jogurt mit Blaubeeren. Und schon war auch die Schwerkraft, die unbegreifliche, wieder da. Nur falsch herum. Wir kamen uns so nahe, dass die Schwerkraft ihre Richtung geändert zu haben schien. „Ich habe das Schwere verloren", flüsterte Lilly. „Meine Sinne zum Beispiel."

Es trat die Pause ein, in der sonst gern heftig geatmet wird. Aber Lilly befand: „Ohne Sinne macht es keinen Spaß." Wahrscheinlich lockte das Video.

Wir haben dann den Picknickkorb vergessen. Die Sonne erschien wieder nicht zur Morgenröte, und ich habe den Golf zum Tempelhaus gelenkt. Lummenau war tonlos. Ich sah Lilly beim Schlafen im Golf zu. Eine Schafherde kam vorbei, umspülte das Auto mit Blöken und Wolle. Später lächelte Frau Leipold durch die Windschutzscheibe. *Guten Morgen.* Sie konnte sich noch freuen, wenn sie Menschen traf. Mir war das momentan eher peinlich. Bevor die Situation endlos erschien, lud ich (wie gehabt) die Lilly auf meine Schulter und legte sie in mein Bett. Sie schlief weiter. Ich nicht.

GEGEN MITTAG WAR es umgekehrt. Jetzt schlief *ich*. Lilly rüttelte mich. „Wach auf. In Lummenau ist was los." Sie zerrte mich ans Fenster und hatte Recht. Die Einwohner, jung bis alt, strebten zur Dorfmitte.

Wir dann auch.

Vor dem Dorfkrug hatte sich eine Schlange gebildet. Niemand wusste, worum es ging. Beate, die Wirtin habe den Beamer in Stellung gebracht. „Fußball?" fragte ich. Der Beamer wurde nur unter sportlichen Vorwänden eingeschaltet. „Welcher Verein?"

„YouTube", sagte jemand.

Lilly war sportlicher als ich, auch beim Vordrängeln. Bis ich in den Schankraum vorgedrungen war, hatte sie bereits einen Sitzplatz ergattert. Ich musste stehen.

Es gab das Video, das Lilly ins Datenmeer geworfen und das jemand dort herausgefischt hatte. Man sah

Lummenauer, nichts als Lummenauer. Lummenauer in der Angerstraße, in der Nase bohrend, in der Dorfkirche, am Fenster, auf der Teichinsel, zu Pferde, auf dem Fahrrad, auf dem Traktor. Immer nur Lummenauer. Lauter Darsteller, eine Handlung war nicht erkennbar. Ein Casting etwa? Interessierte sich RTL, Hollywood gar, für Lummenau? Das Video währte knapp fünfzehn Minuten und endete mit dem Bild des Bürgermeister sowie einer Drohung: *Geheimes Archivmaterial – ausschließlich zum nachrichtendienstlichen Gebrauch.*

Manchmal passte einfach alles zusammen. Das Video als verfilmtes Telefonbuch millionenfach angeklickt, inspirierte zu innovativen Verschwörungstheorien. Gewisse Medien verbreiteten seinerzeit, der Gouverneur der Niederländischen Antillen hätte lauthals gelacht, als er das von Lilly entdeckte Video anklickte und von der Existenz eines deutschen Nachrichtendienstes erfuhr. Zum Erfolg trug auch die Kennzeichnung als *Geheimes Archivmaterial* bei. Im Dorfkrug wurde sogar applaudiert.

Ich wollte Lilly zu ihrem digitalen Fund gratulieren. Doch Lilly war weg. Es hieß, sie sei zusammen mit dem Pfarrer gegangen. Der Greis und das blutjunge Ding. Gemeinsam gekränkt, weil sie nachrichtendienstlich übersehen worden waren.

Auf dem Rückweg zum Tempelhaus sah ich den sonnengelben Kleinlaster mit der Aufschrift „Matthäus – Ihr

Malermeister für Haus und Hof und Garten". Wie ich heute weiß, ist *Matthäus* in geheimen Kreisen ein beliebtes Inkognito.

Das Fahrzeug parkte vor der Pension Sophia. Ich ging hinauf. Frau Sophia in ihrer engen Küche lauschte in Hörspielhaltung, schief der Kopf. „Psssst", machte sie gebieterisch.

„Keine Lyrik bitte", kam aus dem Lüftungsschacht. „Das Video ist zweifelsfrei von dir und mit deinem Smartphone hochgeladen worden. Außerdem hast du berufswidrig diesen Mobilfunkagenten eingeweiht."

„Aber er kannte doch die Parole", beteuerte der noeB und hoffte: „Wird er auch strafversetzt?"

„Bist du verrückt? Er, ein Schwager des Innenministers? Du allein wirst die Konsequenzen tragen."

Anmerkung für Laien: Die Lummenauer Aktivitäten des noeB wurden behördlich als Dienstreise gerechtfertigt. In der Reisekostenabrechnung findet sich eine handschriftliche Rechnung der Frau Sophia. Ihre Pension wurde damit – ein Hoheitsakt und Ausfluss nachrichtendienstlicher Bürokratie – als *konspirativ geeignet* eingestuft.

Dass ein von mir, einem gewissen Gregor M. verfasstes Vorwort dazu geführt hatte, blieb in den Akten unerwähnt.

Jungbrunnen

„Dieser Tag", heißt es gern in der Weltliteratur, „begann wie jeder andere". Kein Tag beginnt wie jeder andere. Gemeint ist, dieser Tag lässt wenig erwarten. Sieht man von der Inbetriebnahme einer dörflichen Online-Diskothek ab, begann gerade so ein Tag.

Immerhin – die *Nacht* zuvor hatte nicht begonnen wie jede andere. Ein Unwetter. Um ein Uhr zuckten Blitze. Gegen zwei Uhr klopfte es an meinen Tempel. Die Rike. Tropfnass. Sie sei mit dem Fahrrad gekommen. Bei ihren Eltern? Nein, da könne sie nicht schlafen, weil… es gäbe Meinungsverschiedenheiten. Logisch also, sie müsse bei mir schlafen. Was moralisch unbedenklich sei, schließlich hätte ich genügend Zimmer.

Hatte ich ja. Aber Rike hatte nicht – jedenfalls nicht genügend Handtücher. Also holte ich welche. Aus Mitleid half ich ihr beim Ausziehen der nassen Kleidung, rubbelte ihr Haut und Haare trocken. Rubbelte – nach Art der Samariter eben. Durchgefroren wie sie war, musste die Rike dann gewärmt werden. Da ich nichts dafür Geeignetes zur Hand hatte, musste mein Körper dran glauben, ich tauchte in ihr Bett. Merkwürdig, irgendwann dachte ich gar nicht mehr an Lilly.

Nach Stunden wurde ich wach. Und zwar davon, dass ich wieder an Lilly dachte. Draußen war Sonntag. Zu früh um wach zu sein. Das fand auch Rike. So passierte diese Nacht noch einmal von vorn.

Irgendwann gähnten wir, die Rike und ich, hinter dem Halbkreis-Fenster im Tympanon. Adam und Eva im Tempel. Die Rike, um Anstand bemüht, trug wenigstens ein Handtuch. Wenn auch in der Hand. Hinter den geteilten Scheiben hielten wir uns für unsichtbar. Ein Irrtum mit Folgen. Denn als Lilly, ausgerechnet Lilly, vorbeikam, winkte sie vergnügt. Und Rike winkte zurück, ihrerseits vergnügt. „Kaffee", dachte ich, schepperte in der Küche mit dem Geschirr gegen eine heraufziehende Hilflosigkeit, kehrte mit gefüllten Bechern zurück. Die Rike stand noch im Schaufenster, das Handtuch in der Hand. „Tust du dir selber leid?" fragte sie.

Die Situation hätte männliches Verhalten gefordert. Trotzdem log ich nicht. „Ich werde Lilly alles erklären."

„Das Dümmste, was du tun könntest."

Rike trank den Kaffee und zog ihr gewagtestes Diskokleid an. „Man sieht sich", verabschiedete sie sich.

„Lieber nicht", hätte ich ihr gern nachgerufen.

NUR NOCH Stunden bis zur Disko-Premiere, die zugleich Generalprobe für das Lummenauer Projekt war.

157

Unzufällig begegnete ich ihr wieder. Lilly in Aktion. „Spätdienst" sagte sie. Das Privatradio habe sie betraut, die Lummenauer Diskoeröffnung mit dem Mikro einzufangen. Kein Wort über Rike, keine Frage, kein Vorwurf.

Zum Füllen der Diskothek war umfangreiche Logistik aufgeboten worden: Sonderbusse aus Krättlingen und Horxum. Der aus Krättlingen stoppte so nahe vor dem Rathaus, dass Lilly einfangen konnte, was sie beim Radio *Atmosphäre* nennen. Geräusche, Stimmgewirr, Kommentare wie „Kuhdorf", „Stallgestank" oder nur „Huuuch".

Die Erwartungen der Horxumer klangen dagegen großstädtisch: „Mal sehen."

Wir mischten uns unter werdende Männer. Sie hatten sich, meinten sie körpersprachlich, noch nicht entschieden, ob sie Millionäre oder bloß Bundeskanzler werden wollten. Bis dahin versteckten sie die Hände in den Hosentaschen. Lilly schaltete ihr Lächeln und das Aufnahmegerät ein. „Was erwartet ihr heute?" fragte sie reporterhaft.

„Heute?" wunderte sich ein penibel gescheitelter Typ. „Natürlich wie immer. Weiber und Saufen."

„Und in welcher Reihenfolge?" Lilly lag wohl an einer authentischen Schilderung.

„Erst Weiber, dann Saufen. Aber die Mädels wollen es immer umgekehrt." Der Gescheitelte sah Lilly misstrauisch an. „Du etwa nicht?" Aus Rücksicht auf die Bevölkerung der Kreisstadt wurde diese Passage vor der Sendung beschnitten. Es gab ja genug Ersatzmaterial. Lilly hatte auch Mädchen interviewt. Sie drückten sich sendereifer aus. „Krasse Typen aufreißen", sagten sie. Und Spaß wollten sie haben, einfach Spaß – wie immer.

Der Peruaner schlich vorbei als wolle er niemandem begegnen. Lilly aber ging auf ihn los, stellte ihn dem Mikrofon als „ziemlich echten" Kartim vor und fragte nach seinen *Einschätzungen*. Der Gast aus Südamerika fühlte sich gestört, zugleich hofiert. Er küsste Lilly die Hand, traf dabei das Mikro, ein schmatzendes *Plopp* wurde aufgezeichnet, dann schwieg er. Lilly, ganz Reporterin, dankte professionell. Für die *Einschätzungen*.

Nach den Besuchern im adäquaten Diskoalter fanden sich erste Lummenauer ein. Angereichert mit Erinnerungen an die Vernissage, mäanderten sie durch die geparkten Autos. „Disko?" frohlockten sie der Lilly ins Mikrofon. „Disko ist wie Erntedank, Partnertausch und Kirchweih an einem Tag." Die grauhaarige Bevölkerung erschien übrigens zahlreicher als erwartet, ihr Zustrom in die Disko verstärkte sich permanent. Räumlich war das allerdings nur möglich, weil die Jugend zügig Platz machte. „Alvermanns Online-Diskothek", referierte Lilly bei eingeschaltetem Mikrofon, „scheint ein Jungbrunnen zu sein. Alte trotten rein, junge Leute kommen raus. Wie auf dem Gemälde von Lukas Cranach."

So war es. Und sehr zum Verdruss des Bodo Alvermann. Der hatte ja ursprünglich ebenfalls an Antiaging im Sinne eines Jungbrunnen gedacht. Aber nicht an einen Tanzschuppen mit Streichelgelegenheiten auf dem Flur zu den Toiletten. Im Gegenteil. Gab nicht die Online-Technik seiner Disko einen geradezu jugendlichen Charakter?

Lilly wollte noch andere akustische Eindrücke im Jungbrunnen einsammeln. Ich hätte sogar mitgehen dürfen.

Mein Mobiltelefon war dagegen. Ute rief an. Ute?

„Ach du!" Ute, die Mutter von der Rike. Ein Umschlag habe bei ihr im Briefkasten gelegen. Nein, nicht rosa und nicht duftend. Rätselhafter. Sie müsse mit mir sprechen.

„Morgen im Tempelhaus?" bot ich an.

„Bitte nein, jetzt sofort."

Ich erklärte es Lilly. Jemand benötige meine Hilfe.

„Rike?"

„Nein, ihre Mutter." Lilly lachte gequält. Ich hätte mir auch nicht geglaubt."

UMARMUNG. Ute war jetzt bald Fünfzig. Und wie! Ich erhielt ausgiebig Gelegenheit, ihre Makellosigkeit zu spüren. So viel Zeit musste sein. Noch immer fühlte Ute sich opferbereit an. Zwischendurch griff sie in den Ausschnitt

160

ihrer Bluse. Dort hütete sie den Grund ihres Besuchs, ein Blatt, nachlässig gefaltet, ich durfte es lesen: Zwei Menschen bewarfen sich mit Liebesgeflüster und Frivolitäten: eine Amalie und ein Gustav. Utes Mann, der sich, unter anderem der Biologie wegen, gelegentlich bei Nachbarsfrauen umsah, hieß zufällig Gustav. Amalie nannte sich die Haushälterin im Pfarrhaus. „Ich werde dich streicheln", las Ute vom Blatt. „Da! Fühlst du? Da und dann da und immer wieder da. All meine Zärtlichkeit. Du wirst sie…"

„… mit Lust beantworten", ergänzte ich.

„Ach", machte Ute.

Ich erklärte, woher ich den Satz kannte und erwähnte den Wohnwagen eines Dichters, der Dialoge übte. Das beruhigte Ute kaum. Sie hatte ihren Gustav, der verbal oft zudringlicher war als manuell, zur Rede gestellt. Er war geständig, besaß jedoch seinerseits ein Blatt, das den Dialog einer Ute mit einem Jüngling aus der Angerstraße dokumentierte. „Gustav meinte, das Dorf müsse eine undichte Stelle haben."

Was wusste wer? ging mir durch den Kopf. Welches gerichtsfeste Dokument hatte wer im Briefkasten? Und an wen weitergeleitet? Der Gedanke an ein undichtes Dorf ließ uns vorläufig kalt. Noch kannten wir das sich anbahnende Geschäftsmodell des Kreisblatts nicht. Wie auch? Und sowieso erwarteten Lummenauer Schicksalsschläge von ganz anderem Kaliber, ehe sie ausflippten.

161

Ute blieb dann noch. Als ich sie gegen Mitternacht hinaus begleitete, warteten vor der Tempeltür zwei Frauen. Natürlich Rike und Lilly. Es gebe keine Verkehrsmittel zu so später Stunde, sie müssten bei mir schlafen. „Aber mach keine Umstände", bat Lilly. Sie würde sich das Bett mit der Rike teilen. Ein Traum schlief mit seiner Erfüllung. Wie im echten Leben?

ÜBRIGENS: Die für den Testmarkt Lummenau angebahnten Experimente der Verlegerfamilie scharrten bereits, so hätte es mein Vater als Pferdeflüsterer ausgedrückt, mit den Hufen. Am Sonnabend, eine Woche nach Eröffnung der Diskothek, einen Tag vor dem Beginn des Lummenauer Projekts, bat mich Daphne Kartim zu einem Besuch beim Kreisblatt nach Krättlingen.

Was ich nicht und auch sonst niemand zu diesem Zeitpunkt wissen konnte: Das eine Experiment, die Online-Ausgabe des Kreisblatts, würde nicht mit einer Pointe enden, sondern mit einem fadenscheinigen Ergebnis. Das zweite Experiment dagegen, das Lummenauer Projekt, würde sich nicht mit einem fadenscheinigen Ergebnis begnügen, dafür mit einer Pointe.

War es ein Wunder, dass Naivität unter den Einwohnern von Lummenau als prickelnd geschätzt wurde?

Ich hätte gewarnt sein müssen.

Vorzeitige Zukunft

Das *Gänsemann-Haus* in Krättlingen, heute *Kreisblatt-Building & Media Headquarter*, war ein Gebäude aus dem 18. Jahrhundert. Seither logierten hier die Probleme der Gezeiten – bis hin zu den digitalen Brüskierungen eines traditionellen Kreisblatts. Das Haus beherbergte anfangs Schlafgemächer für bis zu drei Konkubinen sowie die Geschäftssäle des Geldverleihers Alphons Gänsemann, der aus Protest gegen das von Papst Benedikt XIV. befürwortete Zinsverbot die Ausleihungen einstellte und somit Franz I., dem Ehegemahl der Maria Theresia aus dem Hause Bourbon-Sizilien, den Geldhahn zudrehte

Um die Wende in das 20. Jahrhundert hatte Franz-Fürchtegott Kartim, der Großvater des tragischen Modernisierers Kay Kartim, das Gebäude erworben. Dessen Fassade ließ er renovieren: Mittels in Stein gehauener Nacktheiten, deren Scham nach dem Geschmack der Zeit zur Unkenntlichkeit umflort war. Arbeiten am Mauerwerk waren ohnedies geboten. Die seitliche Fassade musste aufgebrochen werden, um die tonnenschwere Druckmaschine dem Gebäude einverleiben zu können.

Großvater Kartim, ein Mann von ungenierter Sparsamkeit, beließ alles Übrige, wie es war. Selbstverständlich auch die Stehpulte in den Geschäftssälen des vormaligen Geldhauses. Man redigierte das Kreisblatt im Stehen. Noch dachte niemand an Umwälzungen im Pressewesen, schon gar nicht an Monitore, Tastaturen und Mäuse oder die für mutige Verleger wie Kay Kartim tödlichen Algorithmen. Seinerzeit fühlte man sich den Lesern verpflichtet und der Glaubwürdigkeit. Wie Staub lag das journalistische Ethos auf den Stehpulten. Journalismus, glaubte man noch, hätte mehr zu bieten als freien Platz für Anzeigen zwischen den Nachrichten.

FRAU DR. KARTIM, die Daphne und Witwe des Kai, empfing mich im historischen Redaktionssaal. Hier existierten die Stehpulte weiter, der Wand entlang gestapelt wie das Mobiliar einer Eisdiele zur Winterzeit. Im Zentrum des Saals werkelte, was Daphne die *Chefredaktion* nannte: Zwei handelsübliche Computer sowie ein Herr ohne Krawatte in weit fortgeschrittenem Alter und kariertem Oberhemd. Der Herr schlief. Einer der Computer fischte wie zu Kai Kartims Zeiten die Datennetze ab, suchte die anbiedernde Desinformation, ihren Gehalt an Niedertracht, Sex, Tieren, blauem Blut und gängigen Perversionen.

„Ich lasse die Algorithmen meines Gatten derzeit überarbeiten", informierte Frau Daphne. „Künftig brauchen wir nicht mehr auf entsprechende Begebenheiten zu warten. Die Computer haben gelernt, gefragte Nachrichten selber zu formulieren." Hilfsredakteure, die aus ökonomischen Gründen in Fernost ansässig waren, würden daraus Zeitungsseiten einrichten. Der zweite Computer, bedeutend kleiner, billiger und daher erheblich leistungsfähiger, summte dazu tatendurstig. „Die Zukunft ist Online." Daphne lächelte notdürftig erotisch. Verlage verhielten sich zwar wie zu Zeiten, als die Publizistik versozialwissenschaftlicht und Volontären eingeheuchelt wurde, die Leser seien an Informationen, verschärfend an *wahren* Informationen interessiert. Und zwar derart ungestüm, dass sie abonnierten. Aber die Verleger hätten sich mittels Online nur scheinbar von der Angewohnheit entkoppelt, für ihre Produkte einen Gegenwert zu verlangen. „Die Leute wollen Schnäppchen", wusste Daphne. „Und zum Glück glauben sie, Online bedeutet *ohne Geld*. Daher werden Informationen im Internet scheinbar nachgeworfen. Bezahlt werden sie umso teurer. Nicht mit wertlosem Geld, Euro gar, sondern mit Daten. Daten sind die Währung für Online." Daphne sprach jetzt wie eine Überschrift. „Ich werde das Kreisblatt online als Informationsmedium im Gewand eines sozialen Netzwerks und meinen Verlag als Datengroßhandel positionieren."

„Was mit Freunden und so?" fragte ich internethalbgebildet.

„*Nur* mit Freunden. Alle Leser sind Freunde."

„Und Sie glauben, Freunde *bezahlen* für Online?"

165

Daphne hob Kinn und Näschen. „Unsere Technik erkennt und speichert nicht nur *dass*, sondern auch, *wer* gerade welchen Beitrag *online* liest und wie lange. Wir sammeln Angewohnheiten, exzentrische Meinungen, sexuelle Befindlichkeiten, politische Einstellungen. Alles. Die anfallenden Daten verkaufen wir dann wie die großen Player. Oder tauschen sie. Nicht offiziell, wir zapfen Datenspeicher an und werden angezapft. Jeder lässt jeden im Glauben, davon nichts zu wissen. Freiheit des Internets."

Warum fiel mir das erst jetzt auf? Die Überlegungen der Verlegerwitwe lagen intellektuell auf der Höhe der Zeit. Globalisierung hatte den Kiez zur Welt aufgeblasen. Schickte sich bürgerliche Privatinitiative jetzt an, den Planeten wieder zum Kiez zu machen, Zugehörigkeit zu schüren, Identität zu stiften? Der *globale digitale Kiez*, – ein zukunftsfähiger Gedanke.

„Das Kreisblatt befindet sich auf gutem Weg", fand Daphne. „Mein Kay hat unter Einsatz seines Lebens die Kosten geviertelt. Wir kommen fast ohne Redaktion aus, müssen allerdings noch lernen, mehr Daten zu verkaufen." Es folgte ein Hinweis: „Rodrigo soll nichts davon wissen." In diesem Moment höchster Konspirationerschien er in der Tür. Rodrigo Kartim, er sah mich kumpelhaft an. „Wir heißen *du*. Ich Rodrigo. Du Gregor."

Daphne, mit Unschuldsmine, ging auf das lateiname-rikanisch-deutsche Idiom ein. „Ich Daphne. Er Gregor."

Mit dem deutschen Peruaner war ein Mann eingetre-ten. Fraglos Conrad, der Mobilfunkspezialist mit Beru-fung zur Herrentoilette, den ich am Honoratiorentisch anlässlich der Vernissage in der Disko kennengelernt hat-te. „Ich Gregor. Er Conrad", ergänzte ich daher. Man will ja dazu gehören.

„Conrad?" fragte Daphne.

„Hat mich im Auto mitgenommen", sagte Kartim. „Wohnt in Lummenau, Pension Sophia." Rodrigo grinste verlegen. „Hat er mir verraten, Sophia ist rasiert." Con-rad machte eine weit wegwerfende Geste. Die beiden hatten die Fahrt im Wohnwagen genutzt. Conrad, wusste Kartim, sei ein Mobilfunker, der nach einem Mann mit dem Namen Kartim suche.

„Der Mann bin ich", sagte Daphne. Etwas ver-schämt, weil sie den Conrad beifolgend zu einem Vierau-gengespräch bat. Gemeinsam verschwanden sie in der seit Monaten verwaisten Lokalredaktion, um ein paar Missverständnisse aufzuklären. (In der schlichten For-melsprache des Lummenauer Reigens: C irrte sich nicht länger in A, nachdem sich dieser für ihn als weiblich her-ausgestellt hatte.)

Als Daphne mit Conrad in die Chefredaktion zu-rückkehrte, sie mit Lächeln, er mit ein paar Banknoten, begann es draußen bereits zu dämmern. In Lummenau war das daran zu erkennen, dass gerade die Online-Diskothek in Fahrt kam.

„Und nun?", fragte ich. Es wirkte kleinmütig.

Stolz auf ihr Wirken hatte Frau Daphne vergessen lassen, dass Rodrigo zuhörte. „Zeigen Sie uns, wie es funktioniert", befahl sie dem Conrad.

Der Mobilfunker zeigte es uns. Er zuckte mit den Achseln, dass sich die Nase rümpfte, stöpselte einen Stecker, streichelte ein paar zutreffende Tasten. Leider eine zu viel. Schon schwatze ein Drucker Wörter aufs Papier: *Tisch 17 an Tisch 4: „Der Krättlinger Hof wird versteigert. Wehe du bietest mehr als 4400 000."* Und dann: *Tisch 3 an Tisch 27: „Du Sau... Du bringst es. Vögelst mich mit Wörtern..."* Beherzt errötend, zog Daphne den Stecker. Wir sahen uns an, als wären wir echte Regierungschefs oder Geheimdienstler, denn offenbar konnten wir mitlesen, was sich die Gäste in Alvermanns Disko gegenseitig zumailten. Daphne erläuterte den entstandenen Fortschritt. „Beispielsweise neuartige Finanznachrichten. Oder innovative Traueranzeigen. Das Kreisblatt wird Hinterbliebenen anbieten, auf Basis vorhandener Daten kostenlos einen Nachruf zu drucken. Gegen eine faire Gebühr, sozial gestaffelt, verzichten wir jedoch auf die Veröffentlichung."

„Erpressung?"

„Die zeitgemäße Form des Geschäfts mit lokalen Traueranzeigen", entgegnete Daphne.

Eigentlich hätte ich nun gehen und auf 10 000 € verzichten müssen. Aber ich reagierte gleichgültig wie alle,
die sich einreden, sie hätten nichts zu verbergen.

Die letzte im Chefredaktionssaal tätige Arbeitskraft wurde gerufen. Sie erschien, die Putzfrau, unwirsch mit
Kniestrümpfen, Kopftuch und Staubpinsel. Kartim bat,
den zweiten Computer anzuwerfen. Da sie das geübt hatten, klappte es. Das Kreisblatt war Online.

Ich suchte das Weite. Fand es in Lummenau.

DIE DORFLINDE tagte. Klapp, Strunz, Strabanger,
Frau Leipold, der Politologe Meyer Falkenstein. Sie tag-
ten stumm vor sich hin. Ich hielt ein und spendierte ein
Diskussionsthema. „Ist das Internet zu retten?"

Klapp, der Kalle, schreckte aus dem Ruhestand. „Ist
einer gekränkt weil er *nicht* ausgespäht wurde und will
nun das Netz abschaffen?"

„Abschaffen geht ja nicht", mischte sich Frau Leipold ein. Sie erwähnte ihr neuestes Stück. „Es spielt im
Therapiezentrum für Internetsüchtige. Die Bundesregierung erscheint, allerdings nur zu Besuch. Ein Fototermin
steht an, mit Aristoteles, der sich dort kurieren lässt. Sie
treffen den Philosophen in der Badewanne. Er blättert,
das ist Bestandteil seiner Therapie, in den Urteilen des
Bundesverfassungsgerichts und soll alle Seiten herausrei-
ßen, in denen die Begriffe *Fernmeldegeheimnis* oder *Recht auf*

informationelle Selbstbestimmung vorkommen. Nebenher arbeitet er auf Basis der syllogistischen Logik an dem Beweis, dass das Internet nicht ohne Internet, die einzig geeignete Waffe, beseitigt werden kann. Beethoven steigt im dritten Akt in die Badewanne zu, er komponiert ein Requiem für die Opfer von Cybersoldaten. A-Moll."

„Sagen Sie nur." Klapp staunte. „Cybersoldaten?"

„Weil sich nicht genügend Abiturienten melden, wird die Wehrpflicht wieder eingeführt", ergänzte die Leipold. Das Übliche.

Ich wollte schon gehen, um im Tempelhaus über die 10 000 € zu meditieren. Da hörte ich, wie Meyer Falkenstein behauptete: „Ich wüsste eine Lösung. Die Regierenden bekennen, dass sie der Versuchung, ihre Kollegen in anderen Ländern zu belauschen, nicht widerstehen können. Um nicht versehentlich Hochverrat zu begehen, wird nun im Netz auch unterhalb der Ebene von Staatssekretären nur noch gelogen. Später wird das Internet UNICEF, dem Kinderhilfswerk der UN gespendet, das es den Kids als Spielwiese überlässt."

Strabanger war inzwischen aus innerer Einkehr erwacht. „Anfangs geht es immer um friedliche Nutzung", zürnte er. „Einst bei der Atomkraft, später beim Internet." Die zugehörige Geschichte, habe ich im Blog vor dem Vergessen bewahrt.

Ein mögliches Märchen

Es war einmal... das Internet. Eine Erfindung, putzig wie ein Atomkraftwerk. Beides entging den Politikern, weil sie schon immer alles wussten. Warum sonst wären sie gewählt worden? Milliarden wurden in das Netz investiert, um die Welt zum Dorf zu machen, wo sich einfacher Geld machen ließ. Nur ein paar Wichtigtuer laberten von Gefahren. Dass per Internet auch Bankkonten geplündert, die Europäische Union durch beamtete Spione gekapert, noch sinnlosere Kriege angezettelt, Kinder in den Selbstmord gemobbt und selbst Premierminister ausgespäht werden konnten – wen scherte es? Als keiner nun keinem mehr traute, reifte im Bundeskanzleramt die Erkenntnis, dass die Gefahren des Internets niemals beherrschbar sein würden. Eigentlich Grund genug, die Sache auf sich beruhen zu lassen. Dennoch: Ein Politiker wurde ausgeguckt, kompetent bis ins Parteibuch, der das Internet abschaffen und ein tiefes Loch für den Datenmüll finden sollte. Denn die Hinterlassenschaft erwies sich, wie schon bei den Atomkraftwerken, als Problem, das keiner vorhergesehen hatte. Für Datenmüll, als sei er radioaktiv, musste ein Endlager gefunden werden. Unzugänglich wie ein Geheimarchiv im Vatikan, tief genug, um den Zugriff für Jahrtausende auszuschließen. Denn was geschähe, wenn die Datendeponie von Unbefugten geöffnet und enthüllt würde, wer einst wen und warum bestochen, geliebt, betrogen, umgebracht, hintergangen oder überhaupt nicht gekannt hat? Konnte Geschichte überhaupt verjähren? Der beauftragte Politiker bereiste Symposien, hielt honorarfreie Vorträge, predigte Enthaltsamkeit im Netz und erkannte: Die Abkehr vom Internet, samt Deponie und Schadenersatzforderungen der Konzerne würden Milliarden verschlingen. Daher beschloss er, das war üblich, die Lebenden zu schonen und das Problem künftigen Generationen zu überlassen. Zum Lohn wurde er Minister. Um aber nicht den Eindruck zu vermitteln, er sei untätig gewesen, ließ er einen innovativen Slogan ausdenken: „Internet, nein danke."

Strunz, zumal Deutschlehrer, hatte bis dahin nur zugehört. „Aber es hieß doch", wehrte er sich, „das Internet sei die Zukunft. Wachstum, Wissen, Wohlstand für alle."

„Sag ich doch", erwiderte Strabanger. „Wie bei den Atomkraftwerken."

Stille trat ein.

Noch stillere Stille.

Seit Minuten stierte Kalle Klapp, der ehemalige Banker, aufs Display seines Smartphones. „Geht das überhaupt?"

„Geht *was* überhaupt?"

"Jemanden mit Wörtern vögeln."

Leichtsinn oder technische Unzulänglichkeiten ließen die Zukunft vorzeitig beginnen. Aber den *Lummenau Dream* schienen sie nicht zu entzaubern. Lummenau würde nicht anders sein, bloß weil sich die Geschäftsgrundlage eines Kreisblatts etwas veränderte. Würde das sogenannte Lummenauer Projekt, das Experiment mit der globalisierungsfreien Zone, überzeugendere Ergebnisse liefern?

Es-Ju-Wi

Tags darauf, Sonntag, ging die Sonne ziemlich exakt über dem Halbschloss der Kartims auf. Lummenau würde die Dämmerung abstreifen, die Spitze des Kirchturms würde in Morgenröte getunkt wie dazumal ein Gänsekiel in rote Tinte. Es kündigte sich einer dieser Tage an, die in Zeitlupe erwachen. Ein Dorf rüstete sich zur Bühne, auf der die Zeit vor der Globalisierung dargestellt und kommerziell genutzt werden konnte.

Nicht jeder war dafür. Pfarrer Kant, noch ungekämmt, legte in der Küche letzte Hand an die Sonntagspredigt. Für diesmal hatte er sich vorgenommen, gegen einen Unfug namens ‚Lummenauer Projekt' zu wettern.

Würde überhaupt jemand kommen?

Einer kam schon mal. Ein SUV, ein Sport Utility Vehicle, zu Deutsch: Es-Ju-Wi. Das teure Gefährt, obwohl nur ein Vehicle, hätte man in Lummenau für ein Auto gehalten. Aber Lummenau schlief noch. Und Es-Ju-Wis sind nicht ehrlich. Äußerlich Geländewagen, besitzen sie den Komfort, die Bequemlichkeit, die weichen Knie von Limousinen. Schafe im Wolfspelz.

Am Lenkrad, passend dazu, ein Finanzberater.

Leute vom Schlage *Finanzberater* empfinden nichts für Abstraktionen, für die Stille in Lummenau schon gar nicht. Der Berater hatte vom Lummenauer Projekt gelesen. Projekte waren sein Geschäft, kein Spaß also. Wäre dem Berater bewusst gewesen, dass er nebenher Gegenstand eines Experiments war, Spielfigur auf einem Testmarkt, hätte er das Navi in seinem Es-Ju-Wi beherzt auf Heimfahrt programmiert. Experimente? Seine Welt hatte ausgereift zu sein. Die Vergangenheit eines stinknormalen Dorfs als *Projekt* zu bezeichnen, hätte er für die pure Unverschämtheit gehalten.

Doch dann ein Lichtblick. Wo Marketing und Mozartkugeln zuhause waren, lockte *Cappuccino to go*. Goldene Schrift auf schwarzem Grund. Diese Farbkombination bringt Sport Utility Vehicles spontan zum Halten. Der Berater entstieg dem Fahrzeug. Eher aus Protest, es war Sonntag, und er langweilte sich, eine rötlich getönte Sonnenbrille trug er und zum seidenen Halstuch, arrogantes Blau, das Gesicht eines Managers. Er betrat die Bäckerei, orderte zwei Cappuccinos und ärgerte sich. Denn die Verkäuferin hatte ihn aufgefordert, erst einmal Platz zu nehmen. Die Getränke würden frisch zubereitet.

„Erst zubereitet?" raunzte er „Lausige Lagerhaltung, wie?". Jeder hätte es in diesem Augenblick bemerken müssen, in Lummenau war etwas angebrochen. Womöglich eine neue Zeit. „Wie viele Becher von dem Zeug verkaufen Sie täglich?"

„Je nachdem."

„Je nachdem! Geht es nicht etwas präziser bitte?"
Lummenau begann dem Berater zu gefallen. Man konnte
sich wohltuend überlegen fühlen. „Erhalten Sie keine
Vorgaben von Ihrem Chef? Wo steckt er eigentlich?"

„Unten, er bäckt Brötchen."

„Selber?" Der Berater schüttelte den Kopf als ließen
sich mentale Verspannungen mithilfe mechanischer Bewegungen lösen. Das tat ihm gut. Dazu die Verlegenheit
der eingeschüchterten Verkäuferin, die gefüllten Becher
aus Pappe. Pappe! Lummenau motivierte ihn. Er sah sich
in Herausforderungen verstrickt, die seiner würdig waren.

Mit der Kühnheit des Finanzberaters enterte er den
Es-Ju-Wi, teilte der ehelichen Mitfahrerin einen Cappuccino zu und bediente das Autotelefon. Wartete. Wartete
lange. Wartete noch immer. Dann plötzlich: „Tach Florian... Ach, ihr habt noch geschlafen? Tut mir leid... Ich?
In Lummendingsda, irgend so ein Kaff. Großartiges Projekt. Hier picken Hühner noch Körner auf der Straße
statt Antibiotika aus der Legebatterie... ha-ha-ha."

Der SUV, vom Gaspedal angefeuert, rollte weiter, stoppte schaulustig, kurvte in die Angerstraße. Stoppte vor der
Dorflinde. „Da!" Die mollige Mitfahrerin war aus dem
SUV geklettert. „Da!" Sie trug rotweißgestreifte Shorts
und zeigte mit dem Daumen zur Dorflindenbank. Dort
lag Strabanger herum, der militante Leser des Wirt-

schaftsteils. „Sterben sie hier im Freien?" amüsierte sich die Gestreifte. Strabanger wurde wach. Dachte aber nicht daran, die Frage zu beantworten.

Sein Kopf war ohnedies leer. Er erinnerte sich schwach, am Vorabend den Dorfkrug betreten zu haben. Der Peruanische hatte zur Instruktion geladen. Wie es hieß, wollte er die Lummenauer auf ihre künftige Bestimmung einschwören: Wie verhält man sich als museales Exponat? Da nur hundert Personen im Dorfkrug Platz fanden, sollte zu Füßen der Dorflinde ein *Public Viewing* stattfinden. Die Miete für geeignete Videoeinrichtungen hätte jedoch das Budget fürs Freibier aufgezehrt. Deshalb einstimmiger Beschluss: Statt Bild und Ton wird Bier nach außen übertragen. Public *Drinking*. Zugleich ein taktischer Winkelzug, denn Kartim wollte, dass die Lummenauer morgens schliefen statt aus Neugier den Eindruck von Vorgestern zu zerstören.

Als Nebeneffekt des Public Drinking war einigen Dorfbewohnern der Heimweg missglückt. Heini Strabanger strandete nachts bei der Dorflinde. Jetzt wunderte er sich. Einem Bernhardiner mit dem Rumfässchen gleich, bot ihm eine wildfremde Frau von ihrem Cappuccino an. Strabanger griff ihr an einen nackten Schenkel. Er wollte sich überzeugen, dass er nicht träumte. Augenblicklich ernüchtert, bat er: „Lieber Bier." Die Fremde bedauerte. Vielleicht auch, weil Strabanger die Hand zurückzog.

Inzwischen hatte sich Pfarrer Kant auf seinen Dorfrundgang begeben. Wie gewöhnlich, um die heutige Predigt zu memorieren. Außer einem dicken Auto mit fremdem Kennzeichen entdeckte er nichts Ungewöhnliches. Das ‚Lummenauer Projekt', Kant hatte es gleich gewusst, war wohl zum Scheitern verurteilt. Also beschloss er, seine Predigt versöhnlich enden zu lassen. Gottgefällig sollte es von der Kanzel klingen. Niemand würde einen Sonntag missbrauchen, um den Frieden in Lummenau zu begaffen. Auch dieser Text würde sich kurz darauf als unangebracht erweisen.

Die meisten Lummenauer schliefen noch. Ich zum Beispiel. Lilly samt Aufnahmegerät lag unberührt und unbedeckt neben mir. Sie wollte nichts verpassen, falls die Straßen nach Lummenau morgens von wissensdurstigen Massen blockiert sein würden. Bis dahin schlief sie in meinem Bett, naheliegend. Und so nahe wie liegend ließ ich sie an mich heran – wenn auch ihr Mikrofon, das sie griffbereit haben wollte, mehrfach in mein Rückgrat stieß. Allerdings war es dann nicht Lillys digitale Technik, die mich weckte.

Zum zweiten Mal in dieser Woche pochte es ungelegen früh an die Tempelhaustür. Ich stelzte auf Zehenspitzen die Treppe hinab, öffnete. Die Rike stand zähneklappernd da und sagte „Ohh...". Ich hatte vergessen, den Bademantel überzuziehen. Rike, handzahm, ließ sich

177

treppauf dirigieren. „Ohh…" sagte sie schon wieder. Lilly trug nie Nachthemden.

WANN KANN EINER schon mal dabei sein, wenn um die Ecke globalisiert wird? Ich nutzte die Gelegenheit, habe die gähnende Rike der schlafenden Lilly ans Mikrofon gelegt und bin aufgestanden. Blick aus dem Fenster – außer einem SUV nichts los im Dorf. Das andere, für Lummenau ungewöhnliche Fahrzeug konnte ich von meinem Fenster aus nicht sehen. Ein silbriger Kleinbus, Luxusvariante mit WC und getönten Scheiben hinten. Er parkte an der Stelle, wo gerade das Spiegelbild der aufgehenden Sonne im Angerteich badete. Vierzehn Mitglieder des Amateurfotoclubs Göbrichen stiegen aus. Jeder mit mindestens zwei Kameras behängt, und jeder, wie gegen den Durst nach der langen Fahrt, machte erst einmal mindestens zehn Aufnahmen. Als Motiv hatten sich die Fotoamateure ein für sein Alter schlankes Model gemietet, preiswert und vertragsgemäß *bei Bedarf nackt*. Der Bedarf war da, aber das Model zierte sich noch. „Wenn hier Leute vorbeikommen!" Die Fotoamateure feixten. Hier? Hier kämen nur Füchse vorbei, wenn sie sich ‚Gute Nacht' sagten. „FÜCHSE? Igitt." Widerstrebend ließ sich die Frau im knietiefen Wasser in Stellung bringen. Wie von ihr befürchtet, spazierten soeben zwei Landfrauen vorbei. Eine zog den Leiterwagen, in dem die andere hockte. Anzügliches Gekicher. Der Karren wurde nach Osten gerichtet, jetzt ließ er sich als Logenplatz gebrauchten. Anfeuernd nahmen die Lummenauerinnen Anteil. Dem Kassenwart des Fotoclubs, einem jungen Tierpfleger aus dem Göbricher Zoo, war das peinlich. Er nahm seine verklemmteste Haltung ein. Als wenn nichts wäre, plauderte auf die Zuschauerinnen ein. Sie plauderten zurück, und der Kassenwart konnte nicht glauben, was er da hörte. Dass nämlich diese zwei Frauen in Lummenau die kommerzielle Wohlfahrt ersetzten. Sie holten und brachten Essen für die Kranken. Was den Kassenwart nachdenklich stimmte. War da nicht viel soziales Geld zu machen? Kranken- statt Tierpflege? Generaldirektor in Lummenau? Im Geiste schraubte er schon das Schild *Internationales Liebeswerk e. V.* an die Dorflinde… Der Traum zerplatzte erst als die Lummenauerinnen ihre Kleider abwarfen. Sie spurteten in den Teich und bogen das Model in immer gewagtere Positionen. Auch die Fotoamateure zeigten sich der Situation gewachsen. Ein Blitzlichtgewitter zog auf. Der moderige Geruch, die Ausdünstungen des Angerteichwassers taten ein Übriges. Es war wie im Rausch.

IM SELBEN MOMENT erreichte Lummenau die Flut. Sie kam von Norden, reißend, automobil. Eine Blechlawine im Wortsinne. Später sagte jemand aus, er habe gemeint, ein Verband feindlich gesinnter Bombenflugzeuge befände sich im Anflug. Dann seien Autos gelandet. Massenhaft. An den Lenkrädern eine Rasse, entschlossen zu bezahlen, damit sie ihre Autos abstellen konnten. Die Einwohner von Lummenau verschliefen, was in Horxum und anderswo verdrängt wurde: Autos ohne Kraftstoff seien keineswegs nutzlos, man könne sie noch parken. Ein Auto ohne Parkplatz dagegen sei Sinnlosigkeit pur.

Irgendwann läuteten die Glocken. Sie mahnten den Gottesdienst an, erinnerten, dass die Predigt vollzogen, dass Sonntäglichkeit im Dorf einkehren sollte.

Da geriet das Gras auf der Wiese neben dem Kräutergarten des Großbauern in Bedrängnis. Bisher war es gepflegt, zart und gehörte exklusiv auf den Speiseplan der Ponys von Alvermanns Töchterchen. Nun aber war es mit Blech geschändet, von Automobilen niedergewalzt. Die Ponys hatten das Nachsehen.

Nicht so der arbeitslose Meyer-Falkenstein. Obwohl Politologe, hatte er die Gunst der Stunde erkannt: Winkte den Fahrzeugen, winkte sie in Reih und Glied, winkte unmissverständlich mit der hohlen Hand. Sie füllte sich.

„Lummenau verliert die Unschuld und gewinnt die Marktwirtschaft", rief der Politologe dem vorbeischleichenden Bürgermeister zu. „Ein sinnloser Tausch. Die Unschuld ist wie der Markt. Beide können nicht denken. Nur trauen wir ihnen das zu."

Als alle Parklücken verbraucht, die Angerstraße zum Stau verdorben und die öffentliche Ordnung hinfällig geworden war, machten sich die Touristen daran, über den Besitz der Familie Bach zu verfügen. Die Bachs, ihr Pech, waren ein paar Kilometer entfernt bei einer Familienfeier. So blieb ihnen erspart anzusehen, wie das Tor zu ihrem Gehöft aufgebrochen, der Traktor und der Mähdrescher in den Gemüsegarten verschoben und somit Parkplatz geschaffen wurde. Der Politologe, nunmehr Marktwirtschaftler, erhöhte mehrfach die Gebühren für freie Zufahrt. Gern hätten ihn die Autobesitzer korrumpiert. Aber selbst Prestigewert und Pferdestärken waren nutzlos. Der Es-Ju-Wi stand eingeklemmt zwischen wohlfeilen Fahrzeugen. Sein Besitzer, dem Untätigkeit nicht geläufig war, telefonierte schon wieder (oder noch). „Tach Florian, mein Lieber", so laut, dass man es im Umkreis hörte. „Wo? Immer noch in diesem Nest, Lummenau… Nein, nicht Ende der Welt, schlimmer, Ende des Waldes… Ja Wald! Sag ich doch. Wald wie Holz! Das Geld steht hier einfach so rum. Man nennt es Forstwirtschaft. Und auf den Feldern, Florian, kein Tropfen Benzin. Nur Blümchen, Kühe hier und da. Wie vor tausend Jahren, unprofitable Natur statt nachwachsender Rohstoffe …"

UNBEEINDRUCKT, es war ja Sonntag, hockten die Senioren unter der Dorflinde – heute wie ein Empfangskomitee, von Ausfragern bedrängt. Wo die heile Welt sei? Trotziges Nein, sie wüssten es auch nicht.

Aus dem Strudel lösten sich zwei fabrikneu einge- kleidete Blaumänner. Sie stritten sich.

„Drei Millionen."

„Höchstens eine."

„Ich nehme nichts zurück. Drei."

Der mit der *einen* Million suchte Beistand. „Was mei- nen Sie?" fragte er Heini Strabanger. Der bedachte gera- de gewisse Fehler im Ablauf des Daseins und schwieg unter seinem aufgespannten Schirm.

„Bringt es eine oder drei Millionen?" Der Blaumann wurde ungeduldig.

„Mindestens vier", schätzte Strabanger. „Worum geht es?"

„Selbstverständlich um die energetische Sanierung dieses Kaffs. Ein Riesengeschäft." Die Blaumänner er- hoben sich. „Wo geht es zur Altstadt?" wollten sie plötz- lich wissen. „Wir suchen Sehenswürdigkeiten, die energe- tisch fragwürdig sind."

Da ließ Strabanger den Regenschirm fallen. „Haben Sie keine Augen im Kopf?" fuhr er die Fragesteller an. „*Wir* sind es, die hier zu besichtigen sind. *Wir* sind die heile Welt. *Wir* sind energetisch fragwürdig. Und nun staunen Sie gefälligst." Die Blaumänner wichen zurück. Sie wollten noch den Kirchturm vermessen. Aber der Bereich um die Dorflinde war inzwischen verstopft mit

Zuschauern, die gefunden hatten, weshalb sie gekommen waren: Das Gestern – in Gestalt von Senioren.

MITTAGS TRAF ICH Lilly. Lilly im Menschengewimmel. Reporter-Lilly. Sie habe eine Besucherin interviewt. „Siehst du die Blondine da drüben? Die sucht ein Fachwerkhaus. Für einen Puff, hat sie mir ins Mikro verraten. Einen Namen hat sie schon. *Romantik-Bordell.*" Die Blonde winkte uns zu. Sie deutete dabei auf das Rathaus.

„Mein Klassenlehrer hat das immer vorhergesagt", versicherte mir Lilly, „durch Globalisierung entstehen neue Geschäftsbeziehungen und Märkte. Bei Alvermanns kann man Hühner schlachten, selber."

So war es. Die Frau des Großbauern, eingebettet in Schaulustige, blies die Trillerpfeife wie zum Streik und hielt ein Transparent. Darauf boten die Alvermanns an, einem Huhn eigenhändig den Kopf auf dem Hauklotz abzuschlagen.

Wo sich sonst Stille herumtrieb, lärmten Menschen, Hunde, Pärchen, Grüppchen. Ein Trupp wie Disneys *Fähnlein Fieselschweif* war vor dem Schaukasten angetreten, in dem die Straßenkarte von Lummenau aushing. Feldherrenhügel. Der Anführer, korpulent wie ein erwiesener General, teilte das Dorf soeben in Planquadrate. Widerspruchslos nahm das Fähnlein die Quadrate hin. Noch

Fragen? Lieber nicht. Dann wurde ausgeschwärmt. Das Kriegsziel bestand anscheinend darin, Abonnements für Zeitschriften zu verkaufen.

Schwatzend bis schweigend, belustigt bis ratlos streunten Tausende durch die Angerstraße und ihre Nebengassen. Sie hörten nicht auf, etwas zu suchen, von dem sie nicht wussten wie es riechen würde: Vergangenheit. Dagegen hatten sich die Eingeborenen von Lummenau rasch der neuen Lebensweise angepasst. Der Küster unserer Dorfkirche, sonst ein besonnener Bewahrer des Glaubens, hatte die Bergpredigt ökonomisch umgedeutet und ein selbstentworfenes Plakat an die Dorflinde gepinnt. *Führungen in der Dorfkirche! Nur 5 Euro!* Da sich zunächst nur Wenige für das Gotteshaus interessierten, fügte der Küster hinzu: *Messweinprobe inklusive!* Das wirkte.

Schlichter denkende Lummenauer besannen sich auf ihre bescheideneren Möglichkeiten. Gebärdeten sich wie Marktschreier, launig oder schrill, die Gassen wurden zu Flohmärkten. Man hatte Tische an der Straße aufgebaut. Extra mit Zierdeckchen, auf denen defekte Kaffeemühlen, Strickzeug sowie handschriftlich improvisierte Eintrittskarten zur Besichtigung der Ställe und Wohnungen im Angebot lagen. Bäcker Bullick, übertraf mit Marketing alles. Sein Aushang im Schaufenster offerierte einen *Blick in die Kammer, wo unsere Oma gerade stirbt. 2 Euro. Kinder und Studenten 50 Prozent.* Neid erwachte. Wettbewerb, die gnadenlose Erbschaft aus Zeiten der Jäger und Sammler, vergiftete die Seelen. Ein Kind, dessen zur Schau gestellte Puppenstube unbeachtet blieb, heulte. „Scheiße, bei uns stirbt keiner."

Prickelnder ging es zu, wo Sitzgelegenheiten aufgestellt waren, um die Nutztiere bei der Ausübung des Geschlechtsaktes zu beobachten. So etwas hatten Besucher aus globalisierten Gegenden bislang nur bei stubenreinen Hunden gesehen. Mir fiel eine interessierte Zuschauerin auf. „Milli", teilte sie ihrem Handy mit, „wusstest du, dass es Ziegen so machen wie euer Waldi?" Tiefer Atemzug: „Nur geiler."

Ich wollte zu Alvermanns, wo die bezahlte Massenhinrichtung von Hühnern stattfand. In der Angerstraße wäre ich fast gestolpert. Der Rollator von Frau Leipold, der von Lebensklugheit gebeugten Dichterin und Stichwortgeberin meiner besten Reden, stand im Weg. Nicht nur mir. Das Gefährt hatte sich im Gewimmel festgefahren. „Wer den Schaden hat", meinte die Leipold, „spottet jeder Beschreibung. Gut, dass ich Sie treffe, Gregor. Ich werde den Hauptmann von Köpenick im Laptop lassen. Mein neues Stück… Ich kann mir die Geburt der Globalisierung als eine Adaption von Schnitzlers Reigen denken. Eine Frau, europäischer Adel, ich denke da an Sissy, entdeckt Amerika… Sie gibt sich der Reihe nach den Wilden hin, netten Wilden. Krieger, Medizinmann, Sammler, Jäger, Häuptling. Ein Reigen eben. Sehr erotisch. Und für die feine Dame folgenlos, weil… Gregor, was Sie halten davon, wenn ich Indianer so fortschrittlich darstelle, als hätten sie schon die Pille erfunden?"

Der Rollator steckte noch immer im Stau. Ich täuschte literarisches Interesse vor. „Haben Sie mal daran gedacht, anstelle von Sissy die Luise Auguste Wilhelmine Amalie Herzogin zu Mecklenburg auftreten zu lassen?".

Das Gegacker von Alvermanns Schlachtfeld war im voraus zu hören. Es wurde fotografiert und getötet. Einer Dame, blau getönte Locken unter dem Basecap, unterlief ein Missgeschick bei der Bedienung ihrer digitalen Kamera. So verpasste sie den Augenblick, in dem das Blut ihren Gatten bespritzte. Alvermann konnte gleich noch ein Huhn verkaufen.

Dann Aufruhr im Hühnerstall.

Ein heftiger Quietsch, ein Aufschrei störte das Drehbuch dieses Tages. Frau Sophia, die Vermieterin, noch oder schon im Nachthemdchen, suchte bei den Hühnern Schutz. „Die Leute wollen, dass ich hopse", jammerte sie. Das nächste Huhn verlor den Kopf, die Menge johlte. „Anscheinend ein Tanz", heulte Sophia weiter. „Mit Lederhose und bloßen Schenkeln. Wie damals, sagen sie. Man hat es ihnen versprochen. Sie haben dafür bezahlt." Sophia schluchzte wild. „Aber nicht bei mir."

Ich flüchtete zur Dorflinde. Strabanger führte noch immer das Wort. Kolonialisierung oder Globalisierung?

Er habe vor, den Unterschied literarisch zu verarbeiten. „Erstes Kapitel: Kolumbus bereist Lummenau. Zweites Kapitel: Er kauft es für eineinhalb Kilo Glasperlen. Drittes: So entsteht der Kapitalismus." Wir sahen Strabanger irritiert an. „Wer heute noch Bücher liest, erwartet einfache Erklärungen", ergänzte er. „Versteht ihr die Pointe nicht? Kapitalismus entsteht nicht als Folge der Globalisierung, sie setzt ihn voraus." Strabanger sah durch uns hindurch, als wäre er ein Röntgenstrahl.

In Lummenau schien sich etablieren zu wollen, was Pfarrer Kant und mehrere Wirtschaftsminister leichthin Globalisierung nannten. Dafür gab es im Dunstkreis von Wikipedia immerhin mehr Definitionen, Gründe, Vorzüge und Gefahren, als für ‚Orgasmusschwäche'. Der Politologe sprach gar von einer Seuche. Auch ich hatte mich mit dem Thema beschäftigt – aus zweiter Hand als Redenschreiber. Globalisierung, hatte ich einen Konsistorialrat, der sich für einen Linken hielt, auf dem evangelischen Kirchentag unter großem Applaus vorlesen lassen, Globalisierung sei nicht die Seuche selbst, sondern der Nährboden, auf dem sich Erreger wie Unrecht, Tourismus, Missgunst, Ungläubigkeit, Onlinemobbing und rezeptfreies Viagra vermehrten.

DER ABEND in Lummenau wurde dann durch stürmische Proteste verpfuscht. Die Touristen fühlten sich betrogen. Sie hatten eine Sensation namens Vergangenheit gebucht, einen Blick ins Vorgestern (einschließlich kopulierender Rinder). Stattdessen erlebten sie globalisiertes Heute. Noch dazu ohne Toiletten. Daran hatte nämlich keiner gedacht. Umso grauenhafter die Ausdünstung aus dem Angerteich. An paarweise Entspannung auf der Schilfinsel war für Monate nicht zu denken.

Rebellion lag in der Luft. Später auch der Polizeihubschrauber. Er umkreiste Lummenau (*weiter als ein Cappuccino*) und landete im Biergarten des Dorfkrugs. Zwei Beamte stiegen aus. Einer mit Maschinenpistole, der andere stattdessen mit einem Notizbuch. Er sprach mit den Leuten, notierte, bat *globalisierungsfrei* zu buchstabieren. Nebenher kam es zur Festnahme des Rodrigo Kartim. Genaueres war nicht zu erfahren. Nur so viel: Er hatte bei Google *Nackedei* aufgesucht und per E-Mail mit einem Schweizer Gardisten im Vatikan korrespondiert, eitel genug zu glauben, dass er nichts zu verbergen habe. Sein Abgang war, wie sich zeigen sollte, kein Verlust. Die Ereignisse überschlugen sich auch ohne den Peruaner.

Ehe der Helikopter abhob, informierte ich die Beamten über das Datenleck in der Online-Diskothek. „Digitale Mafia in Lummenau?" amüsierte sich ein Gesetzeshüter und fuchtelte mit der Maschinenpistole. „Respekt!"

Gelächter und Abflug eines Polizeihubschraubers.

Ich hatte das niederschmetternde Gefühl, 10 000 € flögen davon.

ZUNÄCHST VON NIEMAND beachtet, wurde in der Angerstraße eine Art Scheiterhaufen, Bretter, Unterholz, Papier aufgeschichtet, direkt vor meinem Tempelhaus. Jemand brachte sogar Bücher, das Grundgesetz als Paperback lag obenauf, Richard David Precht gleich daneben. Über den Stapel wurde ein Kanister Benzin vergossen. Ein Lagerfeuer sollte lodern. Feuer gegen den Hunger, denn die Küche im Dorfkrug war längst überfordert – nicht zu reden von der Köchin. Also mussten selbstgeköpfte Hühner geröstet werden. Samt Innereien und Gefieder, weil keiner die korrekte Zubereitung kannte. Geflügel war mutmaßlich Globalisierten nur als Fertigprodukt geläufig.

Die Mitglieder des Amateurfotoclubs Göbrichen schienen etwas geahnt zu haben. Sie bauten bereits ihre Stative und das entkleidete Model auf. Danach war es so weit. Ein Herr, dem man gewisse Erfahrungen mit Grillpartys auf dem Balkon ansah, wollte die Flamme entzünden. „Sparen Sie ihre Streichhölzer", rief jemand und reichte ihm ein brennendes Feuerzeug.

Die Explosion wirkte dann etwas übertrieben. Eine dichte Wolke. Feuer, Qualm, Gefieder. Und Geschrei. Der die Streichhölzer gespart hatte, lief mit brennendem Ärmel auf meinen Tempel zu, hämmerte gegen die Tür. „Aufmachen! Hilfe! Bitte!" mahnte er Solidarität an. Schon Papst Johannes Paul II. hatte in seiner Botschaft zum Weltfriedenstag 1998 von der Notwendigkeit einer

„Globalisierung in Solidarität, einer Globalisierung ohne Ausgrenzung" gesprochen. Aber hier war ja keiner ausgegrenzt: Ein glücklicher Zufall, ich hatte vergessen, die Haustür abzuschließen. Der brennende Mann lief in mein Haus. Da er die Lage der Wasserhähne nicht kannte, warf er sein brennendes Jackett auf den im Flur stehenden Sessel. Dabei entdeckte er den Garderobenspiegel, blieb davor stehen, ordnete seine Krawatte und strich sich die Haare glatt. Denkbar, dass er mit sich zufrieden war, denn er trat heraus. Auf dem Peristyl, zwischen zwei Säulen, baute er sich auf, warf die Arme hoch. Ein Sieger. Applaus. Es roch nach angebranntem Federvieh. Zwischenzeitlich hatte jemand ein Auto aufgebrochen und den Feuerlöscher gefunden. Er löschte nicht die Hühner, sondern lief in meinen Tempel und erstickte die Flammen. Der Sessel war nun unbrauchbar, vieles bedurfte der Renovierung. Im Ganzen aber hatte ich Glück. Die Feuerwehr war in den Straßen steckengeblieben, Löschwasser konnte nichts verderben.

„ENTSINNT IHR EUCH?" fragte Strabanger, jetzt war er unerbittlich wach. „Wir hatten Lummenau mitunter als Experimentierfeld für die Weltökonomie angedacht. Genauso ist es kommen. Unser Lummenau ist seit heute ein Testfall für die auslaufende Globalisierung. Die Diagnose lautet, zu ihrem Ende hin ist Globalisierung kleinkariert, buhlerisch, schäbig. Globalisierung, zeigt uns das Lummenauer Experiment, ist Auslaufmodell, keine Lösung."

„Sagtest du *auslaufend*?" fragte jemand.

„Selbstverständlich auslaufend. In der Evolution des Geldscheffelns ist Globalisierung nur ein Zwischenschrittchen. Am Ende wird alles in einer Hand sein."

„Gottes Hand?"

„Jedenfalls wird er sich so nennen."

DA LILLY BEHAUPTETE, sie brächte keine Anmoderation mehr zustande, schrieb ich ihr eine. Die philosophische Schlagseite der Situation notierte ich im Blog:

Details und Teufel
„Im Universum darf das Chaos bestimmen. Aber auf der Erde gibt es Gesetze", sagte Strabanger „Eines davon nenne ich Heinis Gesetz: Der Teufel steckt im Detail. Im Teufel aber steckt wiederum ein Detail, in dem ein Teufel steckt. Und so weiter. Kunststoff zum Beispiel. Eine großartige Sache. Aber darin steckt Chemie. In der Kunststoffchemie stecken Geschäftsmodelle. Die wecken Verlangen, alles zu verpakken. Verpackungen müssen entsorgt werden. Entsorgung soll nichts kosten... Ein Schneeballsystem aus Details und Teufeln. Wie endloses Wachstum." Strabanger ordnete sein Gesetz den Naturgesetzen zu, weil für die niemand etwas kann.

Lilly hatte inzwischen Initiative ergriffen und in der Pension Sophia für uns Übernachtungen gebucht. Sie kicherte als Sophia fragte, ob wir auch frühstücken wollten.

Leichtkraft

Der bewusste Tag danach. Montag. Erschaffen zum Beweis, dass trotz Sonntag alles bleibt oder fortschreitet. Statt des Lummenauer Projekts war der Lummenauer Traum in Erfüllung gegangen.

Die Zahl der Personen und Autos, die ihrer Vergangenheit begegnen wollten, passte sich den Parkmöglichkeiten an, in Lummenau begegnete man wieder der Gegenwart. Um das Ansehen des Ortes besorgt, bat Frau Leipold die wenigen Besucher, diese Gegenwart nicht gering zu schätzen. Sie hatte das Rednerpult aus dem Rathaus ins Freie schaffen lassen. „Gegenwart", schmetterte sie wie von der Kanzel, „ist die Ewigkeit zwischen Vergangenheit und Zukunft: Diese beiden sind endlich. Die Vergangenheit hört soeben auf, die Zukunft fängt soeben an. Nur Gegenwart" ergänzte sie, „ist unendlich: Sie fängt ewig an, um ewig aufzuhören." Das Lummenauer Projekt war insofern nicht spurlos am Dorf und einigen seiner Bewohner vorübergegangen.

Der Kontakt mit einer mutmaßlichen Globalisierung hatte frische Herausforderungen bloßgelegt. Erstmals saß Dr. Daphne Kartim der Dorflindenbank. Sie hatte den

Laptop mitgebracht, um *Kreisblatt Online* zu demonstrieren. Als Erster durfte Ortspfarrer Kant auf das Display blicken. „Wie beim babylonischen Regenten Belsazar." Kant räusperte sich. „Damals hat ein Menetekel das nahe Ende prophezeit." Pfarrer Kant sah tief ins Internet. Als Weinkenner kam es ihm vor als wenn er zu tief ins Glas schaute. „Alles schwarz, fraglos der Untergang der Menschheit." Entsetzt starrten auch die anderen auf das Display. Tatsächlich nichts. Dann doch, Frau Daphne hatte vergessen, den Laptop einzuschalten.

Das *Kreisblatt Online* hatte, im Vergleich zu seinen Ansprüchen, einen gebremsten Start. Immerhin, erste Leserreporter berichteten:

Im Angerteich würden Plastikabfälle schwimmen. „Wie in einem richtigen Meer", lobte die Mallorca-erprobte Assistentin des Bürgermeisters.

Der Apotheker postete, er habe zwei Kilo Kartoffeln bestellt. In Basel. Bei einem Händler, der seine Ware erntefrisch aus den Vereinigten Staaten einfliegen ließ.

Gemeinderat Bach beschrieb das sonderbare Gefühl, mit dem er nach ersten Erfahrungen mit einer globalisierungsfreien Zone aufgewacht war. Er wollte wiedergewählt werden.

Globalisierung? Vor der Rathaustür war ein Badehandtuch aufgespannt, taubenblau wie im TV. Zwischen Fahnen der Bundesrepublik Deutschland und der Europäischen Union, stellte sich der Bürgermeister einem Mikrofon. Es war mit Lillys Aufnahmegerät verbunden. Sie gab dem Bürgermeister einen Wink, er schaute entschlossen. Dann forderte er.

Früher hätte er geschwiegen.

Unter der Dorflinde wurden derweil Möglichkeiten einer zweifachen kommerziellen Nutzung Lummenaus diskutiert, indem der Ort – einem Chamäleon gleich – heute globalisiert und morgen globalisierungsfrei auftritt. Der arbeitslose Politologe bürstete einen Fleck (warum gerade diesen?) aus seinem Anzug. „Das könnte klappen", sagte er dabei. „Unter einem Vorbehalt. Reversible Prozesse, also Zustände, die beliebig umkehrbar sind, sieht die Thermodynamik nur für etwas vor, das sich auf keinen Gleichgewichtszustand hinbewegt. Also weder auf *bringt nichts* noch auf *geht nicht.*"

„Aha", machte Heini Strabanger.

ICH HATTE VERSUCHT, die zum Portal meines altertümelnden Tempels aufgemotzte Haustür zu öffnen. Sie hatte unter der Hitze des Feuer gelitten und leistete Widerstand. Mit beiden Händen stemmte ich mich dagegen. Als Lilly eingriff, gab die Tür nach, schluchzend riss sie aus den Scharnieren. Vor den Augen waberte Staub, der einmal fester Bestandteil meines Hauses gewesen war. Als ich wieder Umrisse erkannte, sah ich geschwärztes

Gemäuer, abgefallenen Putz, den unbrauchbar gewordenen Sessel. Sah den zu Asche gewordenen Papierstapel,
gestern war er noch meine Bibliothek. Sah die Ratte, die
lustlos über das angeschmorte Parkett streunte. Es war
geräuschlos im Haus. Friedlich. Der Fernseher hatte zu
nahe am brennenden Sessel gestanden.

„An was denkst du gerade?" fragte Lilly.

„Woran schon. Dass ich zu Hause bin."

Die eingestaubte Lilly dachte mehr ans Praktische:
„Ich werde probieren, ob die Dusche noch funktioniert."
Ich aber dachte *Kaffee*. Und dass Lilly nach dem Duschen
gern welchen trank. Ich schlurfte in die Küche. Als die
Lilly in die Küche schlurfte, war sie splitternass, barfuß
am ganzen Körper. Ich bot ihr eine Tasse von meinem
Kaffee an. „Stell dir vor, dieser Kaffee sei der Nobelpreis
für Physik."

„Nobelpreis?" Bevor sie den Kaffee probierte, küsste
sie mich. Zum ersten Mal so, dass es nach Himbeeren
schmeckte. „Wieso Physik?"

„Danke für die Physikstunde, zu der ich dich schleifen durfte", sagte ich.

„Danke für Schwerkraft?", fragte sie.

„Danke für dich." Mir war vor Dankbarkeit plötzlich
fast übel.

„Schau mal", forderte Lilly jetzt. Sie hatte sich auf
das verkohlte Parkett gebreitet. Um nicht geistreich sein

zu müssen, summte ich das alte Lied von der Träne, die auf Reisen geht. „Nun schau doch mal", insistierte sie.

„Ich könnte mich ja doch nicht satt schauen."

„Tu's einfach."

„Du wirst wieder duschen müssen."

„Wenn schon. Du kannst mich haben."

Das war neu. „Mitleid, weil ich abgebrannt bin?"

„Nein, weil ich den Vertrag habe."

„Vertrag?"

„Ich bin beim Sender ab sofort keine Praktikantin mehr. Sie haben mich angestellt. Ich bin unabhängig."

„Und nun darf ich?"

„Alles."

„Alles?"

„Moment noch." Anscheinend kam es wieder anders. „Ich hoffe, du bekommst keinen Schreck."

Neben ihr fand ich ausreichend Platz in der Asche. „Kurz vor dem Orgasmus, musst du wissen, habe ich manchmal so Einfälle", verriet Lilly. Ich befürchtete Kosmologie, diesmal nicht für kleine, sondern die für größere Mädchen. Und hatte Recht. „Es ist nämlich nicht die Schwerkraft", dozierte sie.

„Sondern?" interessierte mich kaum.

„Ja, merkst du es nicht? Keine blöde Schwerkraft. Es ist Leichtkraft, die uns und bestimmt auch das ganze Universum beieinander hält. Leichtkraft. Hammerstark. Ich schwebe."

Irgendwann hatten wir zu Ende geschwebt.

Lilly verriet, dass ich weiter für den Sender schreiben könne. „Sie mochten deinen Text."

Globalisierung mit Happy End? Lilly erwähnte, wir könnten doch gelegentlich heiraten.

„Warum nicht?" sagte ich mannhaft. „Es muss auch etwas *nach* der Jugend geben." Wahrscheinlich habe ich sogar glücklich dabei gelächelt.

WOCHEN SPÄTER, Rathaus zu Lummenau. Die Hochzeit. Meine Braut trug ein Kleid, zart wie Spinnwebe, gewagtes Weiß … Ich höre noch die Stimme unseres Bürgermeisters: „Willst du, Gregor Mustermann, diese Ulrike, genannt Rike, zur Frau…"

Träume heiratet man nicht. Lilly hatte sich gerade noch rechtzeitig in den Redakteur vom Privatsender verknallt. So kam Vieles anders. Eigentlich änderte sich aber nichts. Rike bestand darauf, dass wir Freunde bleiben. Daher erschien Lilly als Gast auf unserer Hochzeit. Sie brachte ein Hochzeitsgeschenk mit. Keine der obligatorischen Sammeltassen, Lilly bereicherte unsere Hochzeitsnacht. *The Lummenau Dream.*

Nachträglich…

Die Karriereleiter für Schreiber ist länglich. Schönschreiber, Gerichtsschreiber, Ghostwriter… Ich nutzte den Spielraum vom Reden- zum Drehbuchschreiber. *„Weltverbesserer unter der Dorflinde"* heißt meine TV-Sendung. Eine Idee von Rike. Und das Feuilleton lobt:
„Unbedingt einschalten! Diese Serie (oder soll es ein Talk sein?) glänzt mit Zeitnähe und mit Typen. Ein scheinkluger Rentner, ein eigentlich Eigentlicher, ein arbeitsloser Politologe, eine unablässige Dichterin… Sie diskutieren Geschäftsmodelle zu allem, was die Regierenden vergessen haben: Klimawandel, Atomausstieg, Datenschutz. Die Diskutanten denken sich ihr Dorf als Testmarkt – aktuell für ein Nummernsystem zur europaeinheitlichen Bestattung: Was den Banken die *International Bank Account Number* IBAN sei den Bestattern die *Individuelle Bestattungs Adress Nummer*. Kein Toter unter falschem Grabstein, keine Asche in falscher Urne, kein Prediger bei der falschen Trauer. – Unbedingt einschalten."

Somit prominent, wurde ich zur Bürgerparty ins Berliner Schloss Bellevue eingeladen. Kein Halbschloss übrigens. Es gab Currywurst. Und unbescholtene Bürger.

Vom selben Autor:

Memoiren eines Unprominenten
Jagdszenen aus der Informationsgesellschaft

Warum fällt in ein paar Jahren das Fernsehen aus, wankt das Internet? Und warum kennt niemand Markus F.? – Schon als Dreikäsehoch fällt er als Fan von Bruckners 9. Symphonie auf. In der Schule setzt er sich zu den Mädchen. Später wirkt er als „überlassener Arbeitnehmer" bei Pressekonferenzen, Lesungen, Orgien, Tupperpartys und anderen Ausschweifungen. Zwangsläufig folgt der Aufstieg in die ziemlich geheime Abteilung eines Ministeriums. Selbst Unkenntnis bewahrt Marcus F. nicht vor einer steilen Karriere. – Dazu lockeres Herrschaftswissen: Ist die Informationsgesellschaft ein „Schwarzes Loch"? Wie wird eine Talkshow interaktiv? Am Exempel weiblicher Oberweiten wird begreiflich, wie „digital" funktioniert. Dank FKK erfährt die Menschheit, weshalb es nie wieder Weltwirtschaftskrisen geben kann… Und dann ist da noch die wundervolle Sarah… Satire vom Feinsten? Oder ein zeitgemäßer Schelmenroman? Jedenfalls die abenteuerlichsten Memoiren seit „Felix Krull".

ISBN 978 3 8423 4598 0
BoD Verlag – Paperback, 200 Seiten, € 14,90

Vom selben Autor:

Die Liebe eines Schaumschlägers
Bericht über eine Beziehung

Tatort Werbeagentur (aus der Sicht des Insiders, des „Schaumschlägers"): Die Büros sind gnadenlos demokratisch, die Möblierung bis ins Detail liebevoll schmucklos, die Computer von Apple. Hier werden „Tränen abgefüllt, an denen sich Konsumenten besaufen" dürfen, werden Geschäfte mit dem Erfolg Dritter gemacht. Kreativität zeigt Flagge, soziale Verantwortung fördert den Verkauf. Dann gerät eine Liebe, eine wundervolle Liebe dazwischen. Und ein Urlaub wider Willen. Mallorca, was sonst. In Santanyi träumen die Fensterläden wie Gemälde an lehmfarbenen Fassaden…
Innigkeit im Chaos. Witzig, nachdenklich. Spannend und entspannend wie ein Film von Billy Wilder.

ISBN 978-3-8370-5964-9
BoD Verlag – Paperback, 224 Seiten, € 16,90